YUYUE XIANGYING XING
NONGCUN KEYUN FUWU GUIFAN
YANJIU YU SHIJIAN

预约响应型农村客运服务规范研究与实践

梁仁鸿 龚露阳 周一鸣 张 晨 著

人民交通出版社股份有限公司

北 京

内 容 提 要

本书从研究农村客运公益性属性概念出发，阐述了农村客运的公益属性及需求特性，并从政策环境、农村公路网络建设、农村客运车辆等方面深入分析了我国预约响应型农村客运服务发展的基础、典型案例及存在的主要问题，并系统梳理、评估了国内典型预约响应型农村客运已有服务标准的制定和适用情况，在此基础上从经营者、客运车辆、驾驶员等多个方面提出了预约响应型农村客运服务规范的核心内容与保障预约响应型农村客运长效发展的机制。

本书可供道路运输客运管理部门管理者、道路运输客运企业经营者、科研机构与相关专业院校的科研工作者和师生参考使用。

图书在版编目(CIP)数据

预约响应型农村客运服务规范研究与实践/梁仁鸿等著. —北京：人民交通出版社股份有限公司，2021.6
ISBN 978-7-114-17281-6

Ⅰ.①预… Ⅱ.①梁… Ⅲ.①农村道路—客运服务—规范—研究—中国 Ⅳ.①U492.4-65

中国版本图书馆CIP数据核字(2021)第081011号

书　　　名：	预约响应型农村客运服务规范研究与实践
著 作 者：	梁仁鸿　龚露阳　周一鸣　张　晨
责任编辑：	杨丽改
责任校对：	赵媛媛
责任印制：	张　凯
出版发行：	人民交通出版社股份有限公司
地　　　址：	(100011)北京市朝阳区安定门外外馆斜街3号
网　　　址：	http://www.ccpcl.com.cn
销售电话：	(010)59757973
总 经 销：	人民交通出版社股份有限公司发行部
经　　　销：	各地新华书店
印　　　刷：	北京交通印务有限公司
开　　　本：	720×960　1/16
印　　　张：	6.5
字　　　数：	105千
版　　　次：	2021年6月　第1版
印　　　次：	2021年6月　第1次印刷
书　　　号：	ISBN 978-7-114-17281-6
定　　　价：	78.00元

(有印刷、装订质量问题的图书由本公司负责调换)

前 言

党的十八大以来,按照中央全面建成小康社会的战略部署,根据习总书记的"四好农村路"重要指示要求,交通运输部全面推进全国"四好农村路"建设,初步形成以县城为中心、乡镇为节点、建制村为网点,遍布农村、连接城乡的农村公路网络。在此基础上,为实现党中央向全社会做出的"具备条件的乡镇和建制村通客车"庄严承诺,完成交通运输脱贫攻坚的兜底性任务,各级交通运输主管部门坚决贯彻落实习总书记关于脱贫攻坚的重要指示精神和党中央、国务院决策部署,集中攻坚、巩固成果、较真碰硬,狠抓落实,农村客运网络也日益完善,各地采用城乡公交、班线客运、区域经营及网络预约等多种方式扩大农村客运网络服务范围,提升了城乡客运网络的覆盖广度、深度和服务水平,保障了农村地区群众出行基本需求。然而,在我国农村地区基础设施和客运网络不断完善的情况下,农村客运服务规范及发展的保障机制研究工作却相对滞后,并已成为制约其快速健康发展的阻碍。

在此背景下,开展农村客运服务规范及发展的保障机制研究成为多方共赢的举措和选择。首先,站在乘客的角度,开展服务规范及保障机制研究将进一步规范农村客运经营者的服务行为,提高客运经营者的服务质量,有效满足农村居民日益提高的出行服务要求,改善农村居民出行体验。其次,站在农村客运经营者的角度,开展服务规范及保障机制研究将有效维护市场秩序,规范经营者的经营行为,避免了市场主体间的恶性竞争,从而使经营者获得一定的经济效益。再次,站在行业管理者的角度,开展服务规范及保障机制研究填补了预约响应型农村客运服务规范方面的空白,为行业管理部门提供了决策管理依据,有助于规范客运企业运营行为,引导农村客运乃至整个道路旅客运输行业向着规范化方向发展。最后,站在政府的角度,开展服务规范及保障机制研究将进一步完善农村地区客运服务网络,有效巩固建制村通客车成果,保障农村地区居民"行有所乘"。此外,开展服务规范及保障机制研究也是为人民群众提供安全、高效、便捷的运输服务,更好地服务于城乡经济社会发展,落实交通扶贫和服务乡村振兴战略的需要。

为研究提出服务规范要求及发展保障机制,本书作者进行了长期的跟踪研究,在相关领域开展了大量科研项目,结合取得的科研成果,整理形成此书。本书从研究农村客运公益性属性概念出发,对公益性内涵进行了界定,明确了农村客运的特征及需求特性;从政策环境、运营模式、农村客运场站、农村客运车辆等方面分析了我国农村客运发展基础及取得的主要成绩,在梳理分析各地农村客运实践案例及客流分布特征的基础上,总结了农村客运发展存在的主要问题;研究并提出了预约响应型农村客运服务的概念及特征,在系统梳理预约响应型农村客运发展现状、典型模式及相关标准规范的基础上,总结了预约响应型农村客运服务的主要问题及管理特征。在此基础上,从总体要求、客运车辆、驾驶员、经营者、安全管理及服务投诉六个方面提出了预约农村客运服务的有关规范。为保障预约农村客运实现长效发展,本书最后从服务质量机制、安全保障机制、管理水平机制三个方面研究提出了相应的建议。

本书的撰写得到了交通运输行业专家学者和广大同仁的点拨和鼓励,借助了专家和学者的智慧,在此一并表示最衷心的感谢,同时感谢闫超、丁振强、杨胜权、王苗苗等同志在项目研究和本书写作中所做的大量基础研究工作。

由于作者水平有限,编写时间短促,未尽之意颇多,如遇纰漏之处,诚望各位领导、各界专家和广大读者不吝赐教。

著作者
2021 年 3 月于北京

目 录

1 农村客运公益性属性研究 ……………………………………… 1
    1.1 公益性概念及相关研究 ……………………………………… 1
    1.2 农村客运公益性定位的依据 ………………………………… 4

2 农村客运发展的背景和必要性 ………………………………… 8
    2.1 发展背景 ……………………………………………………… 8
    2.2 发展必要性 ………………………………………………… 10

3 农村客运发展现状及存在问题 ……………………………… 12
    3.1 农村客运发展现状 ………………………………………… 12
    3.2 全国农村客运取得主要成绩 ……………………………… 15
    3.3 各地农村客运实践案例 …………………………………… 19
    3.4 农村客流分布特征 ………………………………………… 22
    3.5 农村客运存在的问题 ……………………………………… 23

4 预约响应型农村客运服务现状及存在问题 ………………… 25
    4.1 预约响应型农村客运服务的概念及特征 ………………… 25
    4.2 我国预约响应型农村客运发展情况 ……………………… 27

  4.3 存在问题 ·· 31

5 农村客运服务标准规范制定现状 ·· 33

  5.1 现有农村客运服务相关标准规范 ·· 33
  5.2 管理特征和适应性评价 ·· 38

6 服务规范研究 ·· 41

  6.1 研究思路 ··· 41
  6.2 编制原则 ··· 43
  6.3 核心内容 ··· 44

7 保障机制研究 ·· 55

  7.1 提高农村客运服务质量机制 ·· 55
  7.2 完善农村客运安全保障机制 ·· 61
  7.3 提升农村客运管理水平机制 ·· 65

8 "村村通"客车服务质量评价软件系统功能设计及使用指南 ············· 69

  8.1 系统开发背景 ·· 69
  8.2 系统设计思路 ·· 70
  8.3 系统使用指南 ·· 71

9 有关建议 ·· 76

附件 部分地区农村客运服务规范编制案例 ·· 78

  附件1 河北省预约响应式农村客运服务参考规范 ···························· 78

附件2　黑龙江省农村客运服务指南(试行) …………………………… 79
附件3　安徽省预约响应式农村客运服务规范(试行) ………………… 82
附件4　湖北省预约农村客运运营服务规范 …………………………… 84
附件5　湖南省农村客运服务标准(试行) ……………………………… 86
附件6　广西壮族自治区农村客运预约响应式服务参考标准 ………… 89
附件7　甘肃省建制村通客车运营服务规范 …………………………… 90

参考文献 …………………………………………………………………… 93

1 农村客运公益性属性研究

农村客运是县内或者毗邻县间,始发地、终到地至少有一端在乡村的旅客运输经营活动,其属于一项社会性事业,主要服务于低收入的农村群众,有助于促进农村经济社会的发展,是消除两极分化的重要手段。农村客运不同于班线客运等其他运输形式,其服务的对象范围广、数量多、分布散,加上政府票价政策等因素,单靠市场化方式经营困难、服务质量不高,难以满足群众出行需求,需要政府在财政、投资等方面给予支持。因此,有必要通过阐述公益性概念,对公益性内涵及农村客运特征进行界定,为下一步深入研究预约响应型农村客运服务规范及农村客运长效发展机制做好铺垫。

1.1 公益性概念及相关研究

1.1.1 公益性概念

传统的工具书对公益性概念的界定相差无几,如《新华字典》释义"公"为"公众、公家"之意,"益"即为"利益",因此,"公益"是指公众的利益,多用于救济、卫生等公众福利事业;《词源》对公益的解释也是公共的利益,公益性为公共利益的特性,所以需要对公共利益进行界定;《公共政策词典》将"公共利益"解释为"由国家或社会占有的处于绝对地位的共同利益,但不是某些狭隘或特殊行业的利益"。我国学者则指出公共利益是一种在特定的社会条件下具有共享特点的共同利益,能够实现满足作为共同体的人类基本生存、消费、发展等公共需求的各类资源和条件的总称。

国内研究指出,"公益"一词最早在日本学者冈幸助的专著《慈善问题》中提出,与"公益"对应的词汇为"public welfare"。目前,还有学者将"公益"翻译为"public service"。对于公益性的界定,有些学者从外部性未得到合理补偿角度对公益性的概念进行界定,认为公益性是指某种行为、产品或服务使得国家或公众获得利益而自身并没有获得相应补偿。因此,他们认为公益性是由于正外部性所导致的,公益性的范围比外部性要广一些。有些学者则从非营利的角度对公益性进行界定,认为公益性是一种非营利性行为,不以营利为目的。这种观点很显然非常片面,只能说明非营利性是公益性的一个属性。此外,有学者认为公益性和经营性是矛盾对立的概念,认为由于两者的矛盾会导致企业与政府的责任界限不清晰。

1.1.2 公益性与政府支持相关研究

由于公益性行为为满足公众的利益而造成了自身损失,理应由政府补偿或支持,如以低于成本价格提供服务造成的损失、关系到国计民生工程需要政府投资等,包括城市公共交通、公路、铁路、航空、管道在内的设施都属于公共基础设施,具有公益性、垄断性、收费性和竞争性的特点,仅由市场调节会导致供给不足,需要政府或财政的介入,而且扩大和保护公共利益也是政府重要的职责之一。因此,公益性大小可以作为财政支持力度的重要依据。政府支持公益性行为的方式包括公共投资、财政补贴等内容,如公共交通的发展应得到财政补贴,铁路因其公益性不但保障了公众利益,而且实现了国家目标,因此,在一定程度上体现了政府职责,也需要得到政府补贴。

这些学者从政府支持公益性的原因、支持方式以及支持依据等方面进行了研究。然而,依赖政府财政支持的方式比较单一、效率较低,且公益性指标很难量化。为了更好地对项目公益性的大小进行衡量,为政府对公益性项目的支持提供量化依据,有学者提出了"公益性指数"的概念,它是指"某项目产生的改善环境效益和利用者效益与项目产生的国民经济效益的比值"。其中,国民经济效益是指提高利用者效益、环境效益和供给者效益的总和。

1.1.3 其他领域公益性研究

为了更全面地了解公益性的概念,本书对教育、医疗、卫生等领域的公益性相关研究进行了梳理。

1) 教育公益性

有学者提出教育的公益性是指组织或个人所提供的教育服务及通过教育所获得的收益能够被本国大多数人无偿使用、非排他性地享有,衡量教育公益性的指标包括政府对学前教育的投入情况、受惠人群等。也有学者认为教育属于第三产业,教育的产业性和公益性都是教育的基本属性,应妥善处理好两者的关系,承认教育产业性客观存在的同时必须坚持教育公益性这一价值取向,教育的本质属性是育人,不应以追求利润为目的。另外,高等教育不仅能够使获得教育服务的成员受益,还为社会其他成员带来诸多经济和非经济的利益,并且这种收益具有无偿性、非排他的特征,因此,高等教育也具有公益性。

2) 医疗事业公益性

公立医院公益性主要体现在保障公平与公民的权利方面,包括自然公益性和衍生公益性。前者是指医院所固有的救死扶伤等属性,后者是指通过政府的公共政策使公立医院所具有的降低居民看病就医风险的公共功能,这需要通过政府财政政策支持才能实现,并且公益性是动态变化的概念,在强弱之间可不断变化。医院的公益性就是要充分保证医疗服务输送过程的非营利性和共同福利性,虽然医疗服务的概念范畴涵盖了公共品和私有品,但公益性医疗服务是作为公共品存在的,其数量和质量不应因为个人消费而减少或下降。可见,公立医院的公益性内涵是维持医疗服务的公平性和可及性。

3) 卫生事业公益性

卫生事业的公益性以实现公共利益和公共需求为宗旨,以满足最广大人群的健康需要为根本目标,并且不以营利为目的,因此,为保障卫生服务的公益性及公平性,需要政府予以干预和引导。每个受益者有权利或有机会获得必需的服务,同时个人支付低于成本或低于应收费用的资金,当居民享受了经济利益让渡并获得了服务质量的受益或健康受益,就在某种程度上实现了公益性。

从上述学者对各个领域公益性界定的研究可以看出,尽管公益性在各个领域的具体表现有所不同,但本质上具有共同的属性,即非营利性、公共性和外部性,并且大多数学者认为,对于营利能力较差的公益性的行为,需要得到政府财政补贴,才能保障公益性的充分实现。

1.2 农村客运公益性定位的依据

1.2.1 对公益性内涵界定

公益性具有客观性和主观性,客观性是指公益性是客观存在的,不以人的意志为转移,具有绝对性属性;主观性是指公众对公益性的感受,这种感受与公益性的结果是否盈利以及盈利能力的大小相关,故公益性又具有相对性属性。在交通运输领域,随着政策的改变,运输行业的盈利能力会发生变化。以城市轨道交通为例,不同政策指向会导致大家认为的公益性水平不同,如果政府给予一定的政策支持,运输业自身可以拥有良好的财务自生能力,可以维持正常运营,并出现盈利的状况,则会表现出较强的营利性,公益性会被覆盖;若政府给予政策支持仍不具备财务自生能力,并出现亏损的状况,必须靠每年持续的补贴才能维持正常运营,则表现出较强的公益性。

本书认为公益性是某种行为或活动的一种属性,不会因该行为出现盈利状态而消失。公益性是指为公众利益服务、不以营利为目的的行为或活动所具有的一种属性。因此,无论公益主体是谁,不论公益服务的供给是否具有强制性,是否出现盈利的状态,都是具有公益性的行为。结合对公益性内涵的界定,公益性应同时具有公共性和利他性的基本特征。公共性指公益性具有公共性的属性,带来的是公共利益,是国家利益、社会利益、集体利益、私人利益等各种共同利益的集中综合体现。利他性指公益性是一种不以营利为目的的属性,公益性行业是为公众利益服务的,而不是以赚取利润为目的;由于公益性的行为或活动是以满足公众利益而不是满足自己的利益为目的,故而公益性又具有利他性的属性。

1.2.2 农村客运特征

我国历来重视保障和改善民生,将"促进人的全面发展"作为核心发展理念。加快推进基本公共服务均等化、让改革发展成果更多更公平惠及全体人民、不断增强人民群众获得感等发展理念及相关政策措施不断出台。在对中国梦的阐释中,也提出"中国梦是中华民族的梦,也是每个中国人的梦。我们的方向就是让每个人获得发展自我和奉献社会的机会,共同享有人生出彩的机会,共同享有梦想成真的机会,保障人民平等参与、平等发展权利,维护社会公平正义,使发展成果更多更公平惠及全体人民,朝着共同富裕方向稳步前进"。

1) 本质特征

政府对于公民生存和发展权利的保障,在交通运输领域,具体体现为政府对公民基本交通权的保障。这是国家、社会普遍追求的公平理念通过政治权力在交通运输服务供给中的体现。对于公民的基本权力,政府主要以基本公共服务的形式予以保障。因而,对于公民生存和发展具有重要意义的基本交通权,也应通过基本公共服务的形式予以保障,即向社会供给全体公民可以普遍享有的基本运输服务。基本运输服务应与教育、劳动、养老、衣食、居住、健康、文体等共同纳入基本公共服务的范畴。

因此,对于农村客运服务而言,其作为政府主导的在广大农村地区提供的公共运输服务,是政府基于交通公平理念、保障农村地区居民基本交通权的主要实现形式,这就是农村客运所具有的本质特征。

2) 外部特征

准公共物品、正外部性是农村客运所具有的重要技术经济特征,也是识别农村客运服务具有较强公益属性的重要依据。

(1) 准公共物品。有关研究显示,公共物品具有两个属性,消费的非竞争性和受益的非排他性。与之相对,同时具备消费的竞争性和受益的排他性的物品则被称为私人物品。而处于两者之间的即为准公共物品。相对于公共物品,准公共物品或具有一定的竞争性、或具有一定的排他性。对于农村客运服务而言,从消费的竞争性看,在当前实载率普遍偏低的情况下,新增用户对运输服务的使用几乎不会影响其他用户的使用,成本增加甚微,边际成本几乎为零,因而在一定范围内具有非竞争性;从受益的排他性看,虽然当前我国农村客运服务不可能完全免费,只能有偿服务,完全不付费者有可能被排除在外,但是农村客运服务的价格又往往被政府限定在农村地区居民可承受的能力范围之内,用户不完全付费或者部分付费就可以获得完全的运输服务,这种后天制度安排使农村客运服务具有了较大程度的非排他性。因而农村客运服务具有极强的公共性,属于准公共物品。

(2) 正外部性。当一个人从事一种影响旁观者福利,而对这种影响既不付报酬又得不到报酬的活动时,就产生了外部性。如果对旁观者的影响是不利的,就称为"负外部性",如果这种影响是有利的,就称为"正外部性"。当存在外部性的情况下,市场对该类资源的配置是缺乏效率的,负外部性使市场生产的数量大于社会最优量,而正外部性使市场生产的数量小于社会最优量。针对这种市场失灵的情况,政府所发挥的作用是不同的:对于负外部性是抑制和控制,限制其发展;对于正外部性则是扶持和补贴,促进其发展。农村客运服务可以有效改善广大农村地区居民的出行条件,私人边际效用远小于社会边际效用,具有极强的正外部性。具体而言,农村客运服务的发展有利于促进农村剩余劳动力流动,有利于农业产业化的形成,进而增加农村地区居民的收入。同时,发展农村客运服务可以便利农村地区居民外出就学,提高农村地区人口素质,还可以方便农村地区居民外出就医,降低就医时间成本,提高农村地区居民的健康质量。因而农村客运服务具有极强的利他性,拥有正外部性特征。

1.2.3 需求特性

在各类运输需求中,农村客运需求具有其特殊性。农村客运服务的对象是农村居民,其消费能力一般,对票价比较敏感,但对乘车环境要求不高;由于生产和生活习惯,农村客运客流呈现早进城、晚回乡,节日、集贸、农闲等时段客流较多,受季节性影响较强等特点。对农村客运的需求特性进行分析,有助于把握农村地区居民出行规律,以提高供给侧的适应能力。农村客运需求的基本特性主要表现在以下几个方面:

1)空间特性

截至 2019 年,我国乡村人口数达到 5.5 亿人,这些人口分布在全国的 3.2 万个乡镇,平均每个乡镇的人口数仅为 1.7 万人左右。尤其是一些地区由于独特的自然地理条件导致其人口更加难以聚集,很多乡镇人口只有几千人,在镇中心居住的人口更少,远远达不到一定的聚集规模。至于村落,人口就更加分散,有些村落在册人口只有几十人甚至更少,农村地区居民居住的分散性决定了农村客运需求呈现点多、面广、客流分散的基本特点。

2)时间特性

在出行时间分布上,农村客流具有明显的不均衡性,"早进城、晚回乡"的出行特征决定了农村地区居民出行的一般规律是"一早一晚"为客流高峰,其他时间客流相对较少。此外,由于农村地区的生产生活资料相对缺乏,农村地区居民往往需要到城镇或集市去采购生产生活必需品,赶集日、节假日的客流量远大于平日。同时,农业生产的季节性也决定了农村地区客流的季节性。

3）强度特性

农村客流在不同区域、不同类型线路上存在较大差异,形成了农村客运管理实际中的"热线"和"冷线"。一般而言,县城至乡镇、乡镇与乡镇之间的线路和经济发达及多元化农副业地区的线路多为盈利线路,而乡镇至村、村与村之间的线路和经济欠发达地区的线路以及非法营运现象严重的线路多为亏损线路。

4）距离特性

农村客运主要承担县域范围内的旅客运输,与省际、城际和城乡客运班线相比较,农村客运以短途运输为主,服务对象大多是赶集、进城的农村居民,平均出行距离较短。据有关研究显示,农村客运班线的平均运距在10km左右,日均行驶里程约140km,而城乡客运班车平均运距在30km以上,日均行驶里程约300km。

2 农村客运发展的背景和必要性

2.1 发展背景

农村客运班线,是指县内或者毗邻县间至少有一端在乡村的客运班线。农村客运服务是我国农村地区经济社会发展的基础性支撑条件,在保障农村地区居民交通公平、便利日常生产生活出行和推动乡村振兴战略实施中发挥着重要作用。预约响应型农村客运服务是农村客运服务的重要组成部分,对于加快构建农村客运网络,提高农村公共交通服务水平,满足农村群众出行需求,推进农村经济社会发展具有重大意义。我国一些地区对城乡客运一体化进行了有益探索,取得了积极成效。但总体看,城乡客运服务发展仍不平衡,公共服务水平不高,特别是农村交通运输基础设施条件、运输服务网络、服务质量和安全监管能力比较薄弱,成为综合交通运输体系发展中的短板,迫切需要加快推进城乡客运一体化,着力提高服务质量和水平,引领和支撑城乡经济协调发展,让人民群众共享交通运输改革发展成果。近年来,国家及交通运输主管部门均高度重视农村客运的发展,发布的有关规划文件及指导意见均明确了建制村通客车率的发展目标。

2016年1月,为推进城乡交通运输一体化,提升公共服务水平,加快城乡统筹协调、缩小区域发展差距、实现精准扶贫脱贫,交通运输部等11部门联合发布了《关于稳步推进城乡交通运输一体化提升公共服务水平的指导意见》(交运发〔2016〕184号,以下简称《意见》),《意见》中将具备条件的乡镇和建制村通客车比例达到100%作为"8个100%"目标之一。2017年2月,国务院印发了《"十三五"现代综合交通运输体系发展规划》(国发〔2017〕11号,以下简称《规划》),该《规划》将实现具备条件的建制村通客车作为运输服务提质升级的重点发展任务之一,并提出了到 2020 年,建制村通客车率达到 99% 的发展目标。

2016 年 11 月,为加快推进城乡交通运输一体化发展,提升公共服务水平,更好地满足人民群众出行和城乡经济社会发展需要,交通运输部办公厅印发了《关于开展城乡交通运输一体化建设工程有关事项的通知》(交办运〔2016〕140 号)。旨在全国选择 100 个左右典型县级行政区域先行先试,为城乡交通运输一体化建设积累经验,发挥示范作用,推动城乡交通运输一体化水平全面提升。通过典型引领,推动交通运输行业创新发展思路,改善发展环境,补齐发展短板,推进供给侧结构性改革,提升基本公共服务水平,更好地服务于人民群众出行和城乡经济社会发展需要,为全面建成小康社会当好先行。

2019 年 5 月,为贯彻中共中央、国务院关于建立健全城乡融合发展体制机制和政策体系的意见,进一步推动落实《关于稳步推进城乡交通运输一体化提升基本公共服务水平的指导意见》要求,指导各地因地制宜推进城乡交通运输一体化发展,交通运输部办公厅印发了《关于开展城乡交通运输一体化发展水平自评估工作的通知》(交办运函〔2019〕752 号)。该通知针对建制村通客车率、城市建成区公交站点 500m 覆盖率、城乡道路客运车辆公交化率、城乡客运车辆交通责任事故万车死亡率及城乡客运信息化水平等反映客运服务一体化发展水平的指标,制定了相应的计算方法,要求各省级交通运输主管部门对照评价指标及其计算方法,组织开展本辖区城乡交通运输一体化总体发展水平评估工作,保障本辖区城乡交通运输一体化发展水平自评估工作的客观性和准确性。

同时,建制村通客车还是保障广大农民群众"行有所乘"的民生服务,对改善农民群众生活条件、提升人民群众获得感、促进农业农村现代化建设具有重要意义。交通运输部每年都会紧紧抓住人民群众最关心最直接最现实的利益问题,推出一批高质量的民生实事。在 2019 年交通运输部列出的民生实事任务清单中,把新增通客车建制村 5000 个,其中贫困地区不低于 3000 个作为 12 件民生实事之一。

为确保如期高质量完成具备条件的乡镇和建制村通客车兜底任务,交通运输部印发了《关于全力推进乡镇和建制村通客车工作确保完成交通运输脱贫攻坚兜底任务的通知》(交运函〔2020〕206 号,以下简称《通知》)。《通知》从农村客运运营模式、安全运营水平、发展扶持政策及杜绝"数字通车""虚假通车"等方面提出了相应的要求。同时，《通知》还提出了预约响应式农村客运服务有关要求供各地交通运输主管部门参考，并对提供服务的车辆选型提出了意见。

2.2 发展必要性

预约响应型农村客运服务通过出行服务平台提供门到门的运输服务，通过将不同车辆与出行需求进行匹配，既提高了车辆的实载率，从而获得经济效益，降低企业运营成本，减少政府补贴，又可以作为农村客运班车未覆盖区域的有效补充和为其站点提供接驳服务，实现农村地区的可持续发展。目前，四川、贵州、甘肃等在预约响应型农村客运服务方面均进行了有益的尝试和实践探索，但均存在预约响应型农村客运标准不一，运营不规范等问题。因此，规范预约响应型农村客运的服务，制定预约响应型农村客运服务标准，促进预约响应型农村客运服务规范化发展，其必要性主要体现在以下几个方面。

1）预约响应型农村客运是实现建制村通客车的必然选择

实现建制村通客车既是国家乡村振兴的重要抓手，也是交通运输主管部门实现运输服务提质升级的重点发展任务。预约响应型农村客运服务以乘客需求为导向，在低密度分散的出行地区，具有较好的优势。在偏远山区、贫困地区，农村客运服务由于受财政能力、地形地貌所限，发展较为缓慢，不具备开通班车通达建制村的基本条件。即使在较为偏远地区开通客运班线，也需要政府长期给予亏损补贴。而预约响应型农村客运服务根据乘客需求进行弹性班次服务，可节约运营成本和社会资源，减少政府补贴，是城乡客运一体化发展的创新运营模式。

2）预约响应型农村客运是提高公共运输服务品质的有效途径

随着经济社会的快速发展，居民对城乡客运出行服务的品质要求越来越高，而目前通达建制村的班车由于班次间隔时间较长，候车亭候车条件较差，无法给予乘客高品质的出行服务体验。预约响应型客运服务作为建制村通班车的有效补充，以预约的形式提供点到点的服务，乘客只需要提前预约，并按照预约平台 APP 安排的时间在固定地点等候即可，与常规班线相比，不仅有着较高的服务品质和服务水平，减少乘客等候时间，还实现了建制村通客车的发展目标，改善了乘客的出行体验。

3)预约响应型农村客运是实现农村客运服务可持续发展的重要抓手

通过发展预约响应型农村客运服务,可实现农村客运供需信息共享,客运企业可根据出行需求信息灵活机动地对班线、车次、客运车辆进行调整,做到按需发车,降低空驶率。交通运输主管部门可通过预约响应型平台及手机 APP,测算偏远地区建制村通客车任务的运营成本,科学有据地对相关客运企业进行补贴。预约响应型农村客运服务的发展及其平台的应用,可以帮助客运企业开源节流,提高运营效益,促进预约响应型农村客运良性发展。

3 农村客运发展现状及存在问题

3.1 农村客运发展现状

1）全国农村客运总体情况分析

根据交通运输部开展的"两通"底数核实工作，截至 2020 年底，全国共有 32014 个乡镇、546867 个建制村，不具备通客车条件的乡镇和建制村分别为 278 个、5776 个，具备通客车条件的乡镇和建制村分别为 31736 个、541091 个，其中，通公交、班线客运、区域经营、预约响应、客船（岛屿通船视作通客车）的比例分别达到 38.2%、52.2%、4.0%、5.6%、0.06%（图 3-1）。

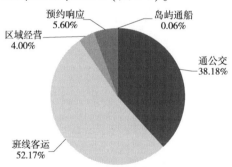

图 3-1 全国农村客运通车形式统计

2）全国农村客运发展现状分析

由于我国地区经济发展水平不同，东中西部农村客运发展水平也不尽相同。我国东部地区经济相对较为发达，可以对以公交形式开通农村客运的运营企业给予财政补贴，以便其提供高质量的服务并支持其稳定可持续运营，但中西部地区由于经济相对东部地区仍有差距，农村客运中公交所占的比例还比较低，班线客运和预约响应方式所占比例相对东部地区较高。此外,由于预约响应式农村客运具有灵活性和经济性,西部地区中预约响应式所占比例明显高于东、中部地区。我国农村客运运行模式占比如图3-2所示。

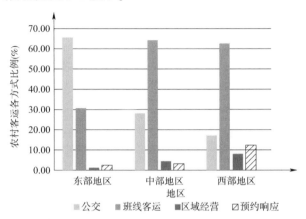

图3-2 我国东中西部地区农村客运各方式比例

3)农村客运场站和线路数量现状分析

截至2019年底,全国共有农村客运站(含简易站、招呼站)31.67万个。其中,东部地区12.79万个,占比40.4%;中部地区11.64万个,占比36.8%;西部地区7.24万个,占比22.9%。如图3-3所示。

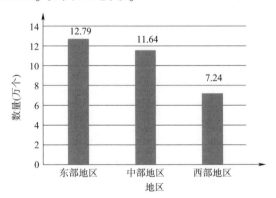

图3-3 我国东中西部地区农村客运站数量

截至2019年底,全国共开通农村客运线路(包括班线和公交化运行线路)8.55万条,年平均日发班次77.88万班次/日,同比分别减少4.7%和11.6%。其中,东部、中部、西部地区开通的农村客运线路条数分别为1.53万条、3.31万条和3.71万条,同比分别减少8.9%、4.7%和2.7%。如图3-4所示。

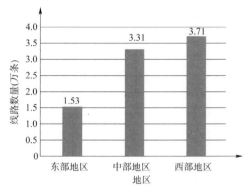

图 3-4 我国东、中、西部地区新开通农村客运线路数量

4) 农村客运车辆现状分析

我国农村客运车辆数量分布受当地经济发展水平、农村客运主要形式、地形地势条件等因素影响,差异较大。发达地区由于经济基础较好、公交化水平高,农村客运车辆较少,公交车辆较多;中西部地区面积较大、人口较多、地形条件较复杂,为保证农村客运服务质量,满足农民群众出行需求,农村客运车辆数较多。我国各省(自治区、直辖市)农村客运车辆数见表 3-1。

我国各省(自治区、直辖市)农村客运车辆数　　　表 3-1

序　号	省(自治区、直辖市)	车辆数(辆)	序　号	省(自治区、直辖市)	车辆数(辆)
1	北京	5261	17	湖北	18390
2	天津	269	18	湖南	20774
3	河北	6677	19	广东	4744
4	山西	2836	20	广西	9314
5	内蒙古	3498	21	海南	1263
6	辽宁	7199	22	重庆	10736
7	吉林	5579	23	四川	23430
8	黑龙江	4495	24	贵州	15037
9	上海	0	25	云南	26378
10	江苏	8021	26	西藏	432
11	浙江	4931	27	陕西	7208
12	安徽	7199	28	甘肃	11020
13	福建	5019	29	青海	462
14	江西	6915	30	宁夏	1782
15	山东	3141	31	新疆	20614
16	河南	16742	合计	全国	259366

3.2 全国农村客运取得主要成绩

1）政府高度重视农村客运工作

农村客运发展的主体责任在于地方各级政府，由于农村客运的公益属性，提高农村客运覆盖率、服务品质均需要地方政府给予政策倾斜和必要的财政补贴。近年来，随着脱贫攻坚工作进入决战决胜时刻，各地政府高度重视发展农村客运，将乡镇和建制村通客车工作作为重要脱贫攻坚任务和重点民生工程来抓，为了调动各级政府发展农村客运积极性，部分地区通过将通客车工作纳入市县领导班子绩效考评体系、贫困退出指标体系、全面建成小康社会指标体系、省政府工作报告等方式，进一步落实各级政府发展农村客运主体责任。各地政府落实发展农村客运主体责任措施见表3-2。

各地政府落实发展农村客运主体责任措施　　　　表3-2

序号	省（自治区、直辖市）	措　　施
1	天津、内蒙古、山东、湖北、广西、贵州、青海	将通客车工作纳入市县领导班子绩效考评体系
2	山西、云南	将建制村通客车工作纳入贫困退出指标体系
3	吉林	印发《关于进一步促进道路运输行业健康稳定发展的通知》，明确农村客运是重要的民生工程，要求各地政府明确农村客运公共服务属性和公益性定位，加大资金和政策扶持力度
4	江苏	将行政村客运班线通达率实现100%纳入江苏全面建成小康社会指标体系，将基本实现镇村公交开通率100%列入公共服务清单，制定出台《江苏省农村公路条例》，明确县（市、区）人民政府应当保障行政村开通镇村公交，为村民提供普遍服务
5	海南	将乡镇和建制村通客车工作纳入省政府工作报告、脱贫攻坚考核、省政府对市县政府的绩效考核体系、省纪委监委驻厅派驻组督查督办工作内容，通过督导、约谈等方式督促落后市县加快通客车进度

2）运营组织模式进一步创新

由于我国各地经济发展水平、道路通行条件、客流需求等条件均不相同，东中西部地区发展水平差异较大，因此各地结合自身条件构建了公交、班线、区域经营、预约响应等多层次农村客运服务体系。发达地区通过发展全域公交、开展省际毗邻地区客运班线公交化运营改造等方式,提升农村客运均等化服务水平;一些地区加大农村客运简政放权力度,推广农村客运区域经营模式,减少审批流程和审批事项,扩大企业经营自主权;一些省份促进农村客运与相关产业融合发展,深入推进交邮融合、推动"四好农村路"建管养运协调发展;一些地区因地制宜通过预约响应式农村客运提供差异化客运服务,以满足广大农民群众多元化出行需求。我国各地农村客运经营组织模式创新措施见表3-3。

各地农村客运经营组织模式创新措施　　　　　　表3-3

序号	地区	措施
1	北京市、天津市、上海市、江苏省、浙江省、山东省	大部分地区实现了全域公交,长三角地区开通37条省际毗邻地区公交化运营客运班线,更好地满足了农村群众便捷出行需要
2	黑龙江省	推广农村客运区域经营模式,减少审批流程和审批事项,由企业自主确定区域线路布局、班次增减,扩大企业经营自主权
3	福建省宁德市	赋予农村客运班车更大经营自主权,规定班车在完成固定班线任务后,可从事县内包车和即时出行等业务,在满足农村群众出行需求的同时提升农村客运经营收益
4	辽宁省	深入推进交邮融合,推动邮政网点联网代售汽车客票,农村客运班线开通客车代运邮件业务
5	浙江省长兴县	将各乡镇特色景点纳入城乡公交线路关键节点布局,打造以"冬梅""夏荷""春绿""秋黄"景观为主题的四季精品旅游线,带动农村居民收入增加
6	福建省宁德市蕉城区、湖北省竹山县	聘请有意愿的农村客运驾驶员兼任"四好农村路"专管员,在日常运输中协助做好道路巡察工作,推动"建管养运"协调发展的同时,每月增加驾驶员兼职收入
7	青海省	出台《青海省农牧区客运服务规范》,细化了农牧区建制村通客车服务内容和服务标准,指导各地因地制宜采取各种方式,实现人口居住特别分散且出行需求小的农牧区建制村通客车
8	海南省五指山市	针对14个偏远的建制村,采用"班线+预约响应"模式开通微公交,在开行8条日发3班的班线基础上,提供电话预约叫车服务,方便群众临时、紧急用车

3)农村客运扶持政策不断完善

根据《财政部 交通运输部 农业部 国家林业局关于调整农村客运、出租车、远洋渔业、林业等行业油价补助政策的通知》(财建〔2016〕133号)文件精神,作为成品油价格形成机制改革的重要配套政策和保障措施,农村客运等行业油价补贴资金对促进相关行业发展、增加从业者收入、维护社会稳定发挥了重要作用,每年各地通过向农村客运经营者分配中央油补资金,补贴经营者运营开支,有效保障了农村客运的可持续性发展。在中央油补资金支持的基础上,各地也不断落实属地责任,完善农村客运补贴政策,通过优先将中央油补退坡资金用于贫困地区农村客运发展、省级层面加大对农村客运发展的资金支持力度、建立市县一级农村客运运营财政补贴机制等措施,积极推动农村客运"开得通、留得住"。各地农村客运扶持政策见表3-4。

各地农村客运扶持政策 表3-4

序号	地区	政策
1	广东省	将农村道路客运、出租汽车油价补助中涨价补助资金退坡资金总额的30%用于支持除珠三角地区城市以外的经济基础相对差的城市
2	新疆维吾尔自治区、新疆生产建设兵团	新疆将油补退坡资金优先用于偏远地区农村客运发展,新疆生产建设兵团将油补资金按2:3:5的比例补助师至团队、团至连队、连队间农村客运经营
3	广西壮族自治区	投资742亿元实施"四建一通"工程,全力改善农村交通出行环境,提升运输服务品质,让农民群众出行更加安全畅通
4	四川省	从2019—2020年交通专项资金中安排4亿元用于农村客运发展专项补助,根据各地建制村通客车任务、地方财力等情况,实行分类分档补助,重点用于贫困地区建制村通客车工作
5	西藏自治区	印发《西藏自治区农村客运补贴实施细则》,明确对购置新车按照购置计税价格的20%给予一次性补贴;对购车贷款利息、承运人责任险、场站运营和车辆运营补贴,由自治区、地市、县(区)按照6:3:1的比例分级负担
6	内蒙古自治区呼和浩特市	开通了20条价格惠民的扶贫专线,最低5元可乘坐83km,覆盖了"通返不通"的2个乡镇和144个建制村,通过建立补贴机制保障扶贫客运专线可持续运营

续上表

序号	地 区	政 策
7	安徽省芜湖市	对全市农村公交实行市、区两级政府补贴机制,区政府对农村公交车辆购置和场站建设全额投资,市、区两级政府各按50%标准对营运亏损进行共同补贴
8	安徽省舒城县、河南省潢川县	建立农村客运财政兜底机制,每年从财政收入中专门列支对农村客运运营进行补贴

4)农村客运信息化水平持续提升

各地不断强化信息化手段在农村客运领域的应用,有力提升农村服务质量和安全水平。部分省份通过建立农村客运信息平台,使农村群众通过电话或手机APP预约叫车,有效解决了"人等车"的矛盾;部分省份还通过开发服务平台,实现了信息查询、服务评价、农村物流配送等功能,进一步提高了服务质量,拓展了农村客运与其他行业的融合发展。各地农村客运信息化发展情况见表3-5。

各地农村客运信息化发展情况　　　　　表3-5

序号	地 区	政 策
1	贵州省	建立"通村村"信息平台,农村群众可通过电话或APP获取预约叫车服务
2	甘肃省	开发省级农村客运服务平台,实现了农村客运线路、车辆等信息查询,群众可通过微信公众号查询农村客运线路开通情况并进行服务评价
3	福建省宁德市	通过乡村通出行手机APP共享县级电商、物流、小件快递信息,农村客运车辆可捎带运输小件快递并收取一定服务费,助力农村物流配送的同时促进农村客运增收
4	宁夏回族自治区固原市隆德县、原州区	试推广区内自主开发的农村客运预约软件"全微通",在部分建制村设立"全微通"农村服务站,乘客对着摄像头说出目的地,平台即可安排车辆提供服务,方便群众特别是老年人预约乘车

5)以试点示范为载体推动农村客运高质量发展

为推进农村客运实现高质量发展,各地积极打造农村客运品牌工程,通过试点示范,带动农村客运高质量发展。安徽省投入4.58亿元支持三批城乡道路客运一体化示范县创建,带动示范县累计投入23.3亿元,实现全省城乡客运一体化发展水平快速提升。江西省设立交通运输发展专项资金,支持"四好农村路"(镇村公交)示范项目建设,全省补助 2.45 亿元用于培育 40 个"四好农村路"(镇村公交)示范县建设。河南省开展"万村通客车提质工程",对 75 个示范县(市、区)补助资金 3.75 亿元,拉动市县级投资 9.6 亿元,有力改善农村客运服务品质。湖南省以"一县一公司、公车公营、统筹规划、乡村全通、价格惠民"为原则,推进城乡客运一体化示范县创建,2018 年至今已累计补助 3.37 亿元用于 28 个示范县创建。四川省全面实施建设人民满意乡村客运"金通工程",以建设美丽清新、安全绿色、便捷优质、精细管理的乡村客运为主要任务,着力打造统一规范、服务一流、管理高效、人民满意的乡村客运服务品牌。

3.3 各地农村客运实践案例

3.3.1 潢川县积极探索"建制村通客车"长效运营新路子

河南省信阳市潢川县深入贯彻落实习近平总书记对"四好农村路"建设的重要指示精神,紧扣交通运输脱贫攻坚要点,创新农村公交化模式,摸索出了农村公路"运营好"的新路子,群众获得感、幸福感显著增强。

1)坚持政府主导,行业推进

潢川县政府迅速成立了以县长为组长,交通运输、发展改革、财政、公安等多部门共同参与的领导机构。部门间通力配合、协同推进,为全县有序推进农村客运发展提供了极大支持。县财政投入近 7 亿元大力支持交通扶贫道路建设、农村公路安保和养护工程、城乡公交运营补贴等方面。

2)坚持方案引领,线路优化

潢川县组织了专人专班进行全县农村客运发展普查工作,重点调查各乡镇、建制村人口分布情况,现有各建制村通客车路线道路条件、站点设置情况,以及经营主体、运营线路、运力、班次、运营模式、换乘效益等情况,明确通客车工作方案。

3)坚持民办公助,财政兜底

按照市场化运营规则和"公车公营"要求,采用公开招标方式,择优选择安全管理好、经营能力强的恒大公共交通有限公司承担运营任务,并按客运线路经营期限,签订 8 年购买社会服务合同。县财政、交通运输、审计、监察等部门密切合作,从人员工资待遇、车辆维修、车辆能耗等16项农村客运运营成本进行逐条核算,制定了村村通客车运营成本规制,并按照核算结果,每年给予企业一定运营补贴,补贴资金纳入县财政预算。

4)坚持设施改造,完善设备配置

近年来共升级改造通村组公路506.5km,培护公路路肩1000km,改造危桥91座,实现通村公路同图规划、安保工程同步到位,全县道路循环畅通,保障客车安全通行。根据地形条件、道路状况、客运需求等因素,选配适用、符合要求的农村客运车型,配套建设28套充电桩、125座乡镇候车亭、296个村级停靠站牌、250块公示牌。

3.3.2 舒城县大力推进"公交优先"和"公交下乡"战略

安徽省六安市舒城县委、县政府将城乡公交一体化工作作为一项县级自主增设的民生工程提升到政府层面,以创建全省"城乡客运一体化示范县"和"优先发展公共交通示范城市"为契机,大力推进"公交优先"和"公交下乡"战略,县政府每年投入3800万元补贴资金,用于提升运输企业可持续经营能力,推动城乡客运高质量发展。

1)政府主导,积极推行均等服务

舒城县政府常务会议研究决定,城乡公交坚持国有公益属性,严格按照"公车公营"和"六统一"(即统一线路编码、统一车型标志、统一车辆调度、统一运价标准、统一安全管理、统一服务规范)的公交化模式运营管理,开通城市、城乡、镇村三级客运网络。全面执行"全县一个价,上车一块钱"和70岁以上老年人等5种人群免费乘车的惠民票价政策;全部采用全新公交车,按公交班次、站点运行。

2)健全机制,促进公交健康发展

舒城县出台文件对公交站场用地、道路通行管理、财政补贴机制等给予政策支持,并明确乡镇部门对城乡公交的管护职责,对公交运营企业从安全、服务、成本3大项31小项进行细化考核,实施考评奖惩。为进一步推进城乡公共交通一体化发展,舒城县编制《舒城县城乡一体化公共交通规划(2019—2030)》,明确了农村客运的发展模式、运营规划、线网规划、车辆配置规划和保障措施,为全县农村客运发展提供了规划支撑。

3)科技引领,精心打造智能公交

为强化公交智能化管理,累计投资760余万元用于公交智能调度及信息化系统的建设运维,该平台具备4G视频实时监控、车辆超速报警、语音自动报站、运营智能调度、掌上公交、微信查询等功能。舒城公交公司和中国银联合作新开通"银联二维码支付、银联手机支付、金融IC卡闪付"等移动优惠支付方式,可实现云闪付、微信、支付宝"一扫即付",极大优化了乘客出行体验。

4)综合利用,统筹客货融合发展

一是场站资源共享。公交车和物流车共享场地、充电桩等设施,将快递物流公司乡镇服务点全部整合进驻交通综合服务站。二是运输资源共享。开拓"公交帮你带"业务,把快递物品通过镇村公交直接投递到村民手中。三是网络资源共享。积极构建1个县级商贸物流产业园、21个乡镇综合服务站、490个村级物流节点的"三级网络",着力解决"工业品下乡""农产品进城"最后一公里的问题。

3.3.3 富裕县推动城乡交通运输一体化建设

黑龙江省齐齐哈尔市富裕县是大兴安岭南麓集中连片特困地区省级贫困县,全县总人口30万人、农村人口17万人,其中,贫困人口达到27069人,因自然环境、资源禀赋、区位条件、产业基础等多方面因素,导致贫困发生率较高,贫困面积大、贫困程度较深。

1)建好民生线,确保贫困群众人畅其行

在加大投入推进农村公路建设的基础上,坚持以城乡客运服务一体化改革为牵动,不断完善农村公路建设,推动农村客运公交化改造,让农村群众特别是贫困人口出行便利、减少支出。2018—2019年,按照"从北到南、从易到难"的顺序,采取市场化方式,以交通运输国有资产、资源为纽带,组建国有控股混合所有制运输企业,扩大规模效益,扩宽投融资能力,全面推进县域公交全覆盖战略。

2)建好旅游线,确保旅游扶贫互利双赢

以连接和畅通重点旅游扶贫项目的景点为目标,通过争取项目修建旅游路,开通城乡公交、旅游公交线路,将交通扶贫和旅游扶贫有机融合,打通全县重点旅游扶贫项目景点交通干线,彻底解决旅游景点向外通联的梗阻问题。先后完善4A级景区龙腾温泉度假庄园、乌裕尔民族风情园等旅游景点的道路基础设施,开通旅游公交线路2条,方便群众观光旅游,旅游旺季日接送游客数千人次,有效加快了全县湿地游、温泉游、民族风情游等旅游业态的发展,打通了景区、村庄、城市互通互联的财富之路,社会效益和扶贫效益显著。

3）建好物流线，确保贫困村庄物畅其流

以公交网络为纽带，以电商企业为龙头，整合县域物流、快递资源，走出了一条发展物流产业扶贫新模式，有效解决贫困户杂粮杂豆、小园蔬菜等高附加值农产品产量小、相对分散、滞销卖难的问题。在县城，以县客运站为主体，利用现有库房，投资改造了面积为 500m² 的县级物流分拣中心，吸引 2 家电商企业和 9 家快递公司入驻，将进村入屯货物积攒起来，形成物流规模优势，以服务外包形式承接农产品上行、工业品下行双向物流配送业务，聚集农村物流"最初一公里"。在全县 90 个行政村设立 101 家农村物流站，代办本村业务，建成县、乡、村三级公交物流服务体系。依托城乡公交线路组成运力网络，确保全县 101 家农村物流站都有车辆送达，实现了村村通达、当天送达，打通了农村物流"最后一公里"断头路。

3.4 农村客流分布特征

我国农村人口分布较为广泛，人口密度低、覆盖面积广，使得农村客源分布具有点多、面广和布局分散的特征，农村客流在时间和空间分布上具有一定的特性。

3.4.1 农村客流空间分布特征

农村客流在路网上表现出一定的层次性，有县城到乡村之间的距离较长的客流，也有村到村之间距离较短的出行客流，如果从某一节点来看，县城区内客流最集中、最稠密，其次是中心城镇，边缘地区客流最为稀少。具体到客运路段时，镇与中心城区客流较为稳定、客流量最大、镇与相邻乡镇之间及镇内客流次之，镇与乡村以及较远镇之间客流最少。其次，农村客流在流向分布上表现出在某个时刻点具有明显的单向型，而在较长时间内却有双向基本平衡的特性。具体来说，在非高峰时段多数农村客运线路表现为双向基本平衡，而在高峰期时间段上，线路具有明显的单向型特征，所谓单向型特征就是指同一时间上下行客流量差异较大。

3.4.2 农村客流时间分布特征

农村客流的时间分布特征主要包括日分布特征、周期分布特征和季节分布特征等，了解客流的这些时间分布特征，有助于确定运营模式、运力的投放机制及调配资源的策略等。

1）客流的日分布特征

客流的日分布特征,是指在 1d 的不同时段内,客流的变化情况。常见的表现形式有双峰型、三峰型、四峰型和平峰型 4 种,多数农村居民一般都是早上进城卖菜、购物,而晚上返回住所,因此农村客流多表现为潮汐性的双峰型特征。进程高峰一般发生在早上 6:00~9:00,返程高峰一般在下午 14:00~17:00。

2）客流的周期分布特征

城市客流一般以 7d,1 个工作周为 1 个周期,而农村客流主要受当地赶集日的影响,呈现出以赶集日到来时为出行高峰、平日为平峰的周期性分布特征;若没有赶集日,则农村客流不会出现明显的波动周期。

3）客流的季节分布特征

农村客流还有一个特性就是农忙季节的存在,农忙时节,以进城务工、探亲访友为出行目的的旅客较少,而以购买生产资料、回家务农为出行目的的旅客增多;农闲时节则相反。

3.5 农村客运存在的问题

尽管全国各地在发展农村客运工作中取得了令人鼓舞的成绩,但与乡村振兴战略实施、农业农村现代化建设的要求相比仍存在差距。主要体现在以下方面。

1）农村客运可持续运营存在较大压力

近年来,我国农村地区"空心化"现象日趋严重,出行需求严重不足。农村公路弯多坡陡,车辆油耗大,运营成本高,农村客运经营状况不理想,采用市场化方式推动建制村通客车难度极大。部分地区农村客运发展主要依赖中央油补资金,难以维持农村客运可持续运营。很多地方县级财政困难,特别是贫困地区,农村客运财政扶持不到位,农村客运"通返不通"风险较高。据研究测算发现,西部地区常采用的 19 座农村客运车辆,单车单日 2 趟次运输成本(含人工成本)约为 280 元,单日收入仅为 80~100 元,日均亏损高达 200 元。

2）农村客运服务水平不满足群众要求

西部地区农村客运大部分车辆实行承包经营,企业难以统筹调配运力,很多地区农村客运运营组织方式仍为定班、定线的客运班线,不能灵活地适应客流变化。

部分地区农村客运特别是区域经营、预约响应式农村客运服务质量良莠不齐,与满足人民群众美好出行需求相比有较大差距。部分地区缺乏预约响应式农村客运服务标准,预约电话打不通、预约服务叫不来的现象屡有发生;个别市县将开行正价出租汽车视作开通农村客运,导致农民坐不起车、进不了城。一些已公示开通客车的建制村,群众不清楚乘车地点、联系方式、服务价格,对其认可度不高。

3)农村客运安全管理存在压力

目前,各地农村客运企业规模普遍偏小,抗风险能力不强,经营管理不规范,安全生产主体责任落实不到位。农村群众安全意识淡薄,导致农村客运市场超载、超速、"非法营运"现象突出,道路客运安全难以得到有效保障。各地县级交通运输部门和道路运输管理机构人员有限,乡镇行业管理力量亟须加强,动态监控能力严重不足,难以对点多面广、经营分散的农村运输实施全面、有效的监管。受道路交通安全事故追责的影响,部分县区公安、安监等部门对农村客运联合审核工作积极性不高,抱着"宁愿不开通,也不能出事故"的思想,参与联合审核机制的积极性不高。

4)服务覆盖范围有限,存在着服务盲点

多数地区采用班线客运固定线路的运营方式,所需的车辆数、发车间隔、服务频率都是固定的,而农村居民的出行分布在一天中的不同时段会有起伏变化,因此,如果各线路按最大的断面流量配车,往往在实际的经营过程中导致低峰时期运力闲置、高峰时期运力不足的情况。此外,由于事先运营车辆、服务人员配置都是固定的,各营运线路之间也是相互独立的,使得人力、运力难以在线路间互相调剂,造成运营车辆及服务人员利用效率较低。服务的人群只能是线路沿线的居民,而农村地区居住分散,客流分布不均衡,居住在偏远地区的居民将无法方便快捷地享受到客运服务,一般需要乘坐农村机动三轮车等出行工具进行衔接换乘。使得乘客不得不提早安排出行,费时又费力。

5)运营组织模式仍有待创新

部分地区农村客运企业经营管理和运营组织较为落后、专业人员和技术手段相对缺乏。一些乡镇和建制村在通客车方面的有关宣传和告示较少,已通客车的建制村缺乏招呼站、简易站牌等设施,导致农村客运方便群众出行的实际效果有所减弱。部分地区存在一味追求通班车、通公交的定式思维,没有从地方实际出发,因地制宜地采取合适的运营模式。在一些客流较少、客流分布不均衡的地区并未灵活采用预约响应型农村客运运营模式实现通客车,部分已开通预约响应型农村客运服务的地区服务质量不高,亟须制定相应标准规范指导经营者规范经营行为。

4 预约响应型农村客运服务现状及存在问题

4.1 预约响应型农村客运服务的概念及特征

4.1.1 预约响应型农村客运服务的概念

预约响应型农村客运服务是介于传统班线客运和出租车之间的非固定线路的交通运输服务,起源于发达国家为解决偏远地区的居民出行问题而提供带有慈善性的交通服务。例如,美国为残疾人提供门到门的预约响应交通服务,残障人士向政府机构提出申请,有关工作人员确认其是否有资格享受服务,提前一天预约用车后运营商准时安排车辆提供门到门服务。美国法典对预约响应交通的基本定位是预约响应是由客户预先安排行程,非固定路线的个性化运输系统,包括由公共机构、非营利组织和私人提供的服务。预约响应系统的扩展定义为:由乘客或代理人给公共交通运营商打电话来产生乘客出行,然后由运营商派遣车辆接送乘客到目的地,其运营特征是:车辆不按固定路线或固定时刻表运营,临时地满足乘客的特殊需要。

本书认为预约响应型农村客运服务是一种路径可变的农村客运服务,乘客根据具体需求通过电话、预约平台等方式向从事预约响应型农村客运经营活动的经营者发出预约服务申请,经营者收到申请后调度车辆和驾驶员为乘客提供门到门的出行服务。该种运营模式主要服务于乘客出行需求低、常规农村客运服务无法实现可持续运营的区域。同时,预约响应型农村客运服务也可以特别为残疾乘客、老年乘客提供响应式服务。

4.1.2 预约响应型农村客运服务的特征

1)与农村地区其他客运服务供给模式的差异

预约响应型农村客运服务与农村地区其他客运服务供给模式的差异主要表现在以下几个方面：

(1)与常规农村客运模式的差异：预约响应型农村客运服务提供的是弹性路线及弹性班次的运输服务，有别于城乡公交和班线客运的固定路线及固定班次的服务模式。预约响应型农村客运服务没有固定的运行线路和站点，是一种根据乘客临时出行线路、出发时间等需求灵活地为旅客实时规划出行路径、安排服务车辆和驾驶员的运输服务模式。

(2)与出租车的差异：预约响应型农村客运服务是居民为实现自身出行需要，通过电话或者预约平台等方式提前向经营者预约搭乘的服务；而出租车除电召方式外，还可以通过在允许停靠的路段上、在出租车服务站点等方式为乘客提供服务。预约响应型农村客运服务在预约的前提下才能为乘客提供服务，可提供合乘式服务，且出行费用一般低于出租车。而出租车则是以站点候车、路边等车或包车合约为乘客提供随机的服务，采用打表计价方式，费用高于预约响应式农村客运。

2)预约响应型农村客运服务的优势

(1)运营模式灵活。无论是在客流密集区还是客流分散区域，预约响应型农村客运服务都可按照客流变化进行线路规划，根据不同时段内的客流走向不同，车辆运行线路也会随之改变或更新，这就体现了预约响应型农村客运服务在运行线路上的灵活特性。

(2)出行时间少。对于传统农村客运服务模式，乘客到站随机性较大，到站后需等待至发车时间方可出发且营运车辆在固定的线路上运营，出行时间更长；而在预约响应型农村客运服务的智能模式下，群众可提前预约，通过这种方式可有效节省乘客到站候车时间，调度中心对出行信息进行整理后群众可提前知道出行时间，从而可以在一定程度上减少出行的时间成本。

(3)服务范围广。预约响应型农村客运服务在农村地区可以为零散分布的群众提供便捷的出行选择，尤其对于出行不便的老年人或者学生，预约响应型农村客运服务可以承担传统客车不能满足的出行需求，有效缓解这些地区群众出行困难的问题。

(4)服务价格低。预约响应型农村客运服务具有较强的公益属性，可享受行业主管部门制定的相关公共服务政策扶持,出行成本较出租车低,并具有较高的舒适性和便捷性。

(5)运营成本低。通过建设先进的预约平台,实现服务调度的智能化。在满足乘客个性化出行需求的前提下,通过对资源的优化配置,可减少运营商的运营成本。对政府而言,预约响应型农村客运服务能让运营商在一定程度上盈利,逐渐摆脱对政府补贴的依赖。

4.2 我国预约响应型农村客运发展情况

4.2.1 我国预约响应型农村客运服务基本发展情况

截至2020年底,全国通农村客运的乡镇和建制村分别为31761个、541526个。其中,以城市公交、客运班线、区域经营、岛屿通船和预约响应方式运营的乡镇数量分别为10406个、20572个、382个、363个、38个,占比分别达到32.76%、64.77%、1.20%、1.14%和0.12%;以城市公交、客运班线、区域经营、预约响应和岛屿通船方式运营的建制村数量分别为214737个、273081个、21980个、31495个、233个,占比分别达到39.65%、50.43%、4.06%、5.82%和0.04%。全国乡镇和建制村通客车情况见表4-1。

全国乡镇和建制村通客车情况　　　　表4-1

运营形式	乡镇		建制村	
	数量(个)	比例(%)	数量(个)	比例(%)
公交	10380	32.64	209203	38.49
班线	20598	64.78	279761	51.48
区域经营	382	1.20	22522	4.14
岛屿通船	23	0.07	308	0.06
预约响应	415	1.31	31687	5.83
合计	32014	100	546867	100

全国31个省(自治区、直辖市)和新疆生产建设兵团(以下简称"兵团")中,内蒙古、四川、甘肃、青海及兵团5个地区乡镇通预约响应型农村客运的比例高于全

国水平,其中,比例最高的3个地区是兵团51.13%、内蒙古2.84%和四川2.75%(表4-2);山西、内蒙古、福建、湖北、广东、广西、海南、四川、贵州、陕西、甘肃、青海、兵团12个地区建制村通预约响应型农村客运的比例高于全国平均水平,其中,比例最高的3个地区是兵团48.53%、广西21.65%和四川17.58%(图4-1)。

各省(自治区、直辖市)及兵团预约响应型农村客运发展情况　　　表4-2

地　　区	乡镇预约响应型数量	建制村预约响应型数量	乡镇预约响应型比例	建制村预约响应型比例
北京	0	3	0.00%	0.08%
天津	0	29	0.00%	0.82%
河北	5	1071	0.25%	2.19%
山西	3	1630	0.25%	6.22%
内蒙古	22	946	2.84%	8.56%
辽宁	2	18	0.23%	0.16%
吉林	1	30	0.16%	0.32%
黑龙江	1	146	0.11%	1.63%
上海	0	0	0.00%	0.00%
江苏	0	0	0.00%	0.00%
浙江	0	621	0.00%	2.57%
安徽	0	261	0.00%	1.86%
福建	1	2291	0.11%	16.24%
江西	2	605	0.14%	3.55%
山东	0	358	0.00%	0.50%
河南	0	129	0.00%	0.28%
湖北	1	1973	0.11%	8.26%
湖南	0	705	0.00%	2.96%
广东	2	2051	0.18%	10.57%
广西	3	3063	0.27%	21.65%
海南	0	168	0.00%	6.66%
重庆	0	263	0.00%	3.28%
四川	116	7880	2.75%	17.58%
贵州	2	1388	0.17%	10.26%

续上表

地区	乡镇预约响应型数量	建制村预约响应型数量	乡镇预约响应型比例	建制村预约响应型比例
云南	0	324	0.00%	2.63%
西藏	0	3	0.00%	0.15%
陕西	3	1370	0.30%	8.05%
甘肃	27	2112	2.20%	13.28%
青海	9	249	2.46%	6.19%
宁夏	0	36	0.00%	1.60%
新疆	4	315	0.46%	3.60%
兵团	159	1457	51.13%	48.53%
全国	363	31495	1.14%	5.82%

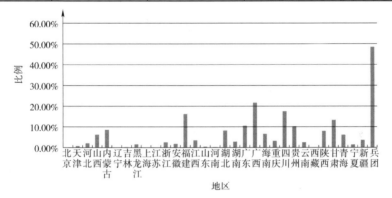

图 4-1 各省建制村采用预约响应型农村客运比例情况

通过数据分析和实地调研可知，我国预约响应型农村客运服务还处于发展起步阶段，主要集中于西部地区和中部部分偏远地区，重点用于解决建制村通客车的通达任务，整体发展还较为滞后。

4.2.2 各地预约响应型农村客运服务发展典型模式

近年来，各地因地制宜，探索出了一些预约响应型农村客运服务典型发展模式。

1）巴塘县

为规范乡村旅游景点客运市场秩序，全面提升农村客运服务能力和水平，发展壮大本地旅游产业，四川省甘孜藏族自治州巴塘县按照"民生优先，交通为民"的理念,积极采取多项措施发展预约农村客运。一是建立部门间协同机制。交通运输部门根据乡村客运"金通工程"的标准要求,积极与相关部门通力协作,加强对车辆安全和服务质量的监管,维护好客运市场秩序。二是充分利用社会闲散资金。巴塘县客运有限责任公司积极吸纳社会资金购置26辆7座小型客车,同时吸纳闲置运力作为预约响应式服务车辆。三是统一车身标识。服务车辆车身喷印统一的LOGO标识为往返县城与乡镇之间的乘客服务,同时也成为传播巴塘文化的流动宣传车,全面促进交通与旅游的深度融合。截至2020年6月,全县122个建制村实现预约响应式农村客运服务全覆盖,不仅彻底解决农牧民群众出行难、乘车难的问题,还为巴塘县各乡镇和县城沿线经济社会又好又快发展注入新的活力。

2)宁德市

福建省宁德市选用5座新能源乘用车从事农村客运经营,克服了部分公路路基路面窄、会车困难的问题,车辆每车公里运输成本从0.7元降至0.2元左右。经营期限上,明确经营权期限为8年,与车辆报废年限相同,避免车辆经营年限与许可年限不同而引起矛盾。经营模式上,突破现有单一的农村客运班车模式,在完成固定班线任务后,可从事县内包车和"即时出行"等业务,满足农村群众出行需求。利用宁德市乡村通出行手机APP共享县级电商、物流、小件快递信息,村村通车辆运输小件快递可收取一定服务费,助力农村物流配送的同时促进车辆增收。通过村村通经营企业与乡镇政府签订服务协议的方式,将村村通车辆纳入乡镇公车使用范畴,保障乡镇干部公务出行需求的同时实现村村通客运的可持续发展。

3)富顺县

四川省自贡市富顺县边远建制村地处偏远,流动人口少,导致无法通客运班线。为便捷群众出行,助力打赢脱贫攻坚战,为实现乡村振兴提供坚强保障,富顺县因地制宜、积极探索、多措并举,发展响应式服务客车模式,服务群众"最后一公里"。一是多模式运营。富顺县预约响应式服务分为包车和单客两个模式,包车模式定价原则上不高于班线定价的3倍,单客模式执行基础票价,即5km以内2元/人、5~10km 3元/人、10km以上5元/人。二是保障服务连续性。每天接受预约电话时间保持在8h以上,并且提供夜间应急用车服务,在保障居民基本出行的同时满足边远建制村群众生病就医等紧急临时出行需求。三是积极宣传推广。通过安装预约响应式服务公示牌76块,印制建制村通客车宣传单1万份,运输企业约车卡片1.06万张,宣传口袋4000个,音频宣传材料40份等途径,增强群众对预约农村客运的认识,方便群众乘车。

4）雷山县

贵州省黔东南苗族侗族自治州雷山县充分利用互联网技术，推行"通村村"互联网约车平台，为农村群众出行提供及时、便捷服务。村民只需在手机中安装"通村村"APP，便可享受公交实时查询、班车实时查询与呼叫、出租车实时叫车、包车等六大服务，实现了村民出行需求信息与班车运行信息的实时对接。同时，不断创新经营模式提升农村客运服务能力，针对偏远山区、客源分散、客流稀少的冷僻地区通客车难的问题，大力引导客运企业改变传统的"定线、定班、定点"的农村客运服务方式，采用"区域经营＋预约响应"的经营模式，通过农村客运车辆开行周末班、赶集班、学生班、隔日班等多种运营组织模式，突破传统单一的农村客运班线运营模式，较好实现了偏远山区冷僻线路通客车的问题。

5）江安县

四川省宜宾市江安县在运营实践过程中大胆探索，形成了农村便民小客运"响应式"服务模式，规范了农村客运运营，为群众提供了优质服务。主要做法包括，一是财政有保障。县政府财政补助134辆"响应式"服务的农村便民小客运保险费70%，同时，安装卫星定位和视频监控安全运营系统按照每辆车3000元、产生的监控流量费按照每辆车每月100元的标准进行补助。二是服务有主体。江安县通过招标方式，引入了"畅达客运有限公司"。要求其按照"江安县政府关于农村便民客运发展方案"组织开展"响应式"客运服务，接受政府的考核和评价。企业完成规定服务和安全指标才能享受政府扶持和补助，且在经营期内不得随意退出市场。三是信息有支撑。通过搭建"响应式"运营服务预约平台将运营车辆信息、驾驶员信息、企业预约服务电话、运营监督电话等在平台上公布。由公司统一发放驾驶员联络卡，在村办公地张贴公布相关信息，方便群众联系、预约和监督。

4.3 存在问题

各地在探索实践预约响应型农村客运服务发展的过程中，多措并举，取得了丰硕的成果，通过发展预约响应式农村客运，在很大程度上提升了农村客运通达的广度和深度，保障了农村居民的基本出行，但在发展过程中仍存在一些问题。

1）整体服务水平有待进一步提升

对各地已开展预约响应型农村客运服务的调研中发现，现有的运营主体大多服务水平还较低,服务方式尚未进行规范,主要体现在以下几个方面。一是服务价格过高,部分地区因政府尚未制定完善的扶持政策,预约响应型农村客运服务价格与出租车相差无几。二是预约响应型农村客运服务的宣传工作不到位,站牌、标牌设置缺失,群众不了解获得服务的方式。三是响应条件较高,部分地区设置了响应人数限制,预约人数未达到规定的人数不提供预约服务。四是车辆许可手续不完善,部分地区仍采用出租车提供预约响应型农村客运服务。

2) 现有制度不能支撑相关业务开展

在农村客运服务新业态新模式的实际运行过程中发现,现有的农村客运管理制度已经不能适应行业发展的需要,特别是农村客运人车准入门槛高、新模式服务标准缺乏、定价机制不适应市场需求、适用车型较少、包车许可程序复杂等问题,约束了经营者的主动性和灵活性。由于在改革创新中缺少相关法规条令依据,基层在放开农村客运市场运力,优化定制化服务,推动农村闲散运力公司化、合规化管理等方面心中无底,担心触碰制度红线与安全底线,导致预约响应型农村客运服务发展的系列改革措施具体落实难度较大。

3) 可持续运营体系尚未成熟

预约响应型农村客运服务需要搭建农村出行服务平台,平台的搭建是该模式运用的重要载体,但是各地在搭建农村出行服务平台的实践中,尚未形成比较成熟的运营体系或商业模式。一方面,除平台的建立和推广应用外,日常的系统和车辆运营维护也需要大量资金,目前各类平台还未能实现自身造血、持续运营。另一方面,多数地区对此类服务尚未形成较完备的政策扶持体系。此外,在预约服务平台运行过程中获取到的乘客及驾驶员的出行信息和地理位置信息对企业的安全管理水平要求较高,若企业安全管理制度不健全可造成一定的安全隐患。

4) 行业监管手段需进一步完善

农村出行市场契约精神不足,部分地区农村群众预约车辆服务后又不出行的情况时有发生,行业管理部门对这类行为缺乏有效的管理措施,导致驾驶员经常不愿意提供响应式服务。同时,由于金融管理方面的原因,部分信息化系统还缺少在线支付等功能,对不诚信行为缺少约束机制,在一定程度上也限制了预约响应式服务的扩展应用。此外,对预约响应式农村客运服务驾驶员技术培训、定期考核和奖惩等方面缺乏有效的管理体系,部分提供预约响应式服务的驾驶人员存在素质不高、责任意识不强等问题。

5 农村客运服务标准规范制定现状

预约响应式客运是农村客运经营的新型运营模式,目前还没有专门针对它的管理办法(规定)、规范、标准和要求。不过由前述对预约响应型农村客运发展案例进行分析可以了解到,预约响应型农村客运与网络预约出租车、道路旅客运输等现有运营服务规范及管理规定之间有着紧密的联系,有很多相似之处,如服务车辆、驾驶员、经营主体不论是在道路旅客运输、网络预约出租车服务还是在预约响应型农村客运服务中都是提供服务过程中的关键因素。因此,本书通过梳理网络预约出租车、道路旅客运输服务等服务规范、规定,结合预约响应型农村客运服务现状、存在问题及需求特点开展服务规范研究。

5.1 现有农村客运服务相关标准规范

长期以来,国家及行业、地方交通运输主管部门一直非常重视客运服务的运输安全、市场秩序及服务水平,围绕道路旅客运输、农村客运等客运服务领域制定了一系列的标准、规范以进一步规范服务行为、提升服务水平、改善乘客出行体验。

从国家层面看,出台的有关客运服务的相关标准、规范主要包括《机动车运行安全技术条件(GB 7258—2017)》《道路运输术语(GB/T 8226—2008)》《城市公共汽电车客运服务规范(GB/T 22484—2016)》《出租汽车运营服务规范(GB/T 22485—2013)》及《客车用安全标志和信息符号(GB 30678—2014)》等。其中,《机动车运行安全技术条件(GB 7258—2017)》适用于在我国道路上行驶的所有机动车,并对机动车的整车及主要总成、安全防护装置等有关运行安全的基本技术要求进行了规定;《城市公共汽电车客运服务规范(GB/T 22484—2016)》适用于城市公共汽电车客运服务,对城市公共汽电车客运服务的总体要求、运营车辆、运营服务人员及运营安全等方面进行了规定;《出租汽车运营服务规范(GB/T 22485—2013)》针对出租汽车旅客运输服务,从服务方式、运输车辆、服务流程及服务评价等方面提出了有关要求。主要内容详见表5-1。

国家层面客运服务相关标准规范制定情况　　　　表5-1

序号	名称	核心内容	适用范围	发布年份
1	机动车运行安全技术条件	针对机动车的整车及主要组成、安全防护装置等有关运行安全的基本技术要求进行了规定	在我国道路上行驶的所有机动车	2017年
2	道路运输术语	针对道路运输生产和行业管理中涉及的常用或专用名词术语及其定义或说明进行了规定	道路运输宏观与微观管理及相关业务	2008年
3	城市公共汽电车客运服务规范	规定了城市公共汽电车客运服务的总体要求、车站设施、运营车辆、运营服务人员、运营调度、行车服务、车厢服务、智能化信息服务、运营安全、服务监督的要求	城市公共汽电车客运服务	2016年
4	出租汽车运营服务规范	规定了出租汽车运营服务的总则、服务方式、运输车辆、服务站点、服务人员要求、服务流程、电召服务特别要求、运输安全和服务评价等	出租汽车旅客运输服务	2013年
5	客车用安全标志和信息符号	规定了客车用安全标志和信息符号的术语和定义、一般要求、几何图形、设置的位置、尺寸、材料及其固定方式	M2、M3类客车	2014年
6	汽车维护、检测、诊断技术规范	规定了汽车维护的分级和周期、维护作业要求以及质量保证	以汽油或柴油为燃料的在用汽车,挂车参照执行	2016年
7	轻型汽车污染物排放限值及测量方法	规定了轻型汽车在常温和低温下排气污染物、实际行驶排放污染物、曲轴箱污染物、蒸发污染物、加油过程污染物的排放限值及测量方法,污染控制装置耐久性、车载诊断系统的技术要求及测量方法	以点燃式发动机或压燃式发动机为动力、最大设计车速大于或等于50km/h的轻型汽车(包括混合动力电动车)	2016年

续上表

序号	名称	核心内容	适用范围	发布年份
8	营运车辆综合性能要求和检验方法	规定了运营车辆的动力性、燃料经济性、制动性、转向操纵性、照明和信号装置及其他电气设备、排放与噪声控制、密封性、整车装备的基本技术要求和检验方法	营运车辆,非营运车辆可参照执行	2001年

行业层面出台的有关客运服务标准、规范主要包括《道路旅客运输及客运站管理规定(交通运输部令2020年第17号)》《出租汽车经营服务管理规定(交通运输部令2016年第64号)》《网络预约出租汽车运营服务规范 JT/T 1068—2016》《营运客车类型划分及等级评定 JT/T 325—2018》《道路运输驾驶员技能和素质要求 第1部分:旅客运输驾驶员 JT/T 917.1—2014》《乡村公路营运客车结构和性能通用要求 JT/T 616—2016》《营运客车安全技术条件 JT/T 1094—2016》《城市水上旅游客运服务规范 JT/T 1316—2020》及《道路运输车辆卫星定位系统 车载终端技术要求 JT/T 794—2011》。主要内容详见表5-2。

行业层面客运服务相关标准规范制定情况　　　　表5-2

序号	名称	农村客运相关核心内容	适用范围	发布年份
1	道路旅客运输及客运站管理规定	将农村道路客运定位为公益属性,对农村道路客运的概念进行了定义	从事道路旅客运输经营以及道路旅客运输站经营的主体	2020年
2	网络预约出租汽车运营服务规范	对网络预约出租汽车经营者、驾驶员、运输车辆、经营者服务流程、驾驶员服务流程及服务评价与投诉处理的要求等要素进行了规定	网络预约出租汽车旅客运输服务	2016年
3	营运客车类型划分及等级评定	对营运客车的类型和等级划分,以及等级评定的内容、规则和要求进行了规定	经营性道路旅客运输的M2、M3类中的B级、叁级客车和乘用车的等级评定	2018年
4	道路运输驾驶员技能和素质要求 第1部分:旅客运输驾驶员	对道路旅客运输驾驶员的基本要求及应具备的专业知识和专业技能要求进行了规定	对班车客运、包车客运和旅游客运的驾驶员的遴选、准入、管理及评价	2014年

续上表

序号	名称	农村客运相关核心内容	适用范围	发布年份
5	乡村公路营运客车结构和性能通用要求	对乡村公路营运客车技术性能参数、结构及配置和安全等要求进行了规定	乡村公路营运客车	2016年
6	营运客车安全技术条件	针对营运客车的整车及主要总成、安全防护装置的安全技术要求进行了规定	M2类、M3类中的B级和叁级营运客车	2016年
7	城市水上旅游客运服务规范	规定了城市水上旅游客运服务的总则、设施设备基本要求、运营服务、信息服务、安全基本要求及应急管理、环保措施和服务评价	城市内的江河、湖区、沿海及岛屿之间的水上旅游客运服务	2020年
8	道路运输车辆卫星定位系统 车载终端技术要求	规定了道路运输卫星定位系统车载终端的一般要求、功能要求、性能要求以及安装要求	道路运输卫星定位系统中安装在车辆上的终端设备	2011年

为深入贯彻习近平总书记在决战决胜脱贫攻坚座谈会上的重要讲话精神，坚决落实党中央、国务院关于脱贫攻坚决策部署，确保如期高质量完成具备条件的乡镇和建制村通客车兜底任务，交通运输部印发了《关于全力推进乡镇和建制村通客车工作确保完成交通运输脱贫攻坚兜底任务的通知》(交运函〔2020〕206号)。该通知从经营管理、车辆要求、经营服务及政策保障等方面提出了预约响应式农村客运服务参考要求，以指导需求严重不足的地区开通预约响应式农村客运服务，持续提升通客车服务质量，具体要求详见表5-3。

交通运输部预约响应式农村客运服务参考要求　　表5-3

分类	项目	具体要求
经营管理	经营资质	经营者应当取得当地交通运输主管部门核发的道路旅客运输经营许可证，经营范围与经营许可证经营范围一致
	管理制度	经营者应当建立安全管理、经营管理、运营管理、车辆管理、驾驶员管理制度
车辆要求	车型要求	原则上采用7座以上车型，确有困难的地区可采用5座车
	标志标识	应当在车身显著位置喷绘预约响应式农村客运服务标志、喷绘预约方式和经营者服务监督电话和当地交通运输服务监督电话

续上表

分 类	项 目	具 体 要 求
经营服务	服务价格	不高于当地农村客运班线价格2倍，即单趟次收费总额＜农村客运单座价格×2×(预约车辆核定载客人数-1)，且应显著低于当地出租车价格
	服务方式	应当在乘客约定的、允许停车的地点上下客
	响应时间	从乘客提出需求到服务的响应时间，原则上不超过20min
	服务连续性	经营者应当保证预约服务的连续性，每天接受预约时间应当在8h以上
	拼车	时间和线路相同或相近的预约需求，可以开展拼车服务；拼车服务乘客人数和驾驶员总数不得超过车辆核载人数；拼车服务绕行距离不得超过原距离的50%以上，等候时间不得超过15min
政策保障	扶持政策	无法通过市场化运作实现可持续运营的，应当建立补贴机制，维持预约响应式农村客运服务可持续运营
	运营补贴	应将开展预约响应式服务的农村客运车辆纳入城乡道路客运成品油价格补助范围

此外，许多省市地区按照交通运输部农村客运和预约响应型农村客运服务的要求，结合当地实际情况，制定了相应的预约响应式农村客运服务规范，主要内容详见表5-4。例如，黑龙江省为提高农村客运服务水平，规范经营行为，制定了《黑龙江预约响应农村客运服务指南》；安徽省为提升预约响应式农村客运服务质量，制定了《安徽省预约响应式农村客运服务规范(试行)》；为加快山东省建制村通客车进度，夯实基础，巩固成果，规范经营管理，满足群众安全、经济、便捷的出行需求，提出了《预约响应式农村客运服务要求》；为规范农村客运经营行为，维护农村客运经营者和乘客的合法权益，湖北省制定了《湖北省农村客运运营服务规范》；汉中市制定了《预约响应式农村客运服务标准(试行)》以保障具备条件的建制村通客车，并确保"开得通、留得住、可持续"，更好地服务于人民群众出行和城乡经济社会发展。

地方层面预约响应型农村客运服务规范制定情况 表5-4

序号	发布部门	名 称	主要内容	发布时间
1	河北省道路运输管理局	河北省预约响应式农村客运服务规范	从预约方式、服务资质、服务标准、服务管理4个方面进行了规定	2020年4月
2	安徽省交通运输厅	安徽省预约响应式农村客运服务规范	从服务前提、经营管理、车辆要求、经营服务及政策保障5个方面进行了规定	2020年6月

续上表

序号	发布部门	名称	主要内容	发布时间
3	山东省交通运输厅	山东省交通运输厅关于加快推进建制村通客车有关工作的通知	从严格资质管理、加强车辆管理、规范经营服务、落实财政补贴政策、加大宣传力度等方面提出了相关要求	2020年4月
4	河南省交通运输厅	河南省农村客运运营服务规范	包含适用情形、运营范围、预约时间、违约责任等核心内容	2020年8月
5	湖北省交通运输厅道路运输管理局	湖北省农村客运运营服务规范	包含公示信息、服务时间、制定运价、遗失物品报备等主要内容	2020年6月
6	湖南省交通运输厅道路运输管理局	湖南省农村客运服务标准(试行)	从服务形式、经营管理、车辆要求、服务人员及政策保障等方面提出了有关要求	2020年6月
7	西藏自治区道路运输管理局	西藏农村客运服务规范(试行)	包含一般服务要求、运营服务、营运车辆、服务监督等主要内容	2019年12月
8	甘肃省交通运输厅	甘肃省建制村通客车运营服务规范	包含经营管理、告知信息、合理运价、便民措施、特殊约定等主要内容	2019年12月
9	宁夏回族自治区交通运输厅	宁夏回族自治区农村客运服务试行标准	从车型要求、公示信息、服务时间、驾驶员文明行为等方面提出了服务要求	2020年5月
10	新疆生产建设兵团交通运输局	新疆生产建设兵团农村客运服务规范	包含经营资质、响应时间、乘车安全检查、补贴机制等核心内容	2020年6月

5.2 管理特征和适应性评价

5.2.1 管理特征

通过梳理道路旅客运输和农村客运的现有相关标准规范，可以发现我国针对道路旅客运输和农村客运的管理及标准、规范制定情况具有以下几个特征：

1)客运服务管理办法正在经历换代升级

道路客运是通达度最深、服务面最广的运输方式。交通运输部于2005年制定出台《道路旅客运输及客运站管理规定》,并结合运输管理费收取政策调整、完善包车客运管理、"先照后证"改革、落实长途客运实名制管理等工作需要,对部分条款先后作出6次修正。近年来,受私家车保有量持续高位增长、互联网+运输服务深度融合等因素影响,客运市场环境发生深刻变化。特别是2020年,突如其来的新冠肺炎疫情对道路客运行业产生重大影响,经营者普遍出现经营困难,亟须在守住安全稳定底线的基础上,促进行业复工复产达产。针对这种情况,行业管理部门开始了新一轮的管理办法修订,并于2020年7月修订发布了《道路旅客运输及客运站管理规定》(交通运输部令,2020年第17号),自2020年9月1日起施行,以满足人民群众高品质、个性化、多元化的出行需求,保障农村客运可持续发展,做好与乡村振兴战略的有效衔接。

2)预约响应型农村客运服务行业标准处于空白

近年来虽围绕道路旅客运输、营运客车安全技术等方面制定了一系列的规定和标准,但仅在行业管理规定中涉及农村客运相关内容,例如,交通运输部出台的《道路旅客运输及客运站管理规定》指出"农村道路客运是指县级行政区域内或者毗邻县间,起讫地至少有一端在乡村且主要服务于农村居民的旅客运输";同时规定对于成立线路公司的农村道路客运班线,中途停靠地客运站点可以由其经营者自行决定并将农村道路客运赋予了公益属性定位。预约响应式农村客运是保障建制村通客车的重要运营模式,目前尚没有专门针对预约农村客运服务规范出台对应的行业标准,仅在交通运输部印发的《关于全力推进乡镇和建制村通客车工作确保完成交通运输脱贫攻坚兜底任务的通知》(交运函〔2020〕206号)中提出了有关要求,但这些要求需进一步细化和完善。因此,目前尚缺乏全行业明确、统一的标准以规范服务供给方的经营服务行为,不利于预约响应型农村客运服务水平的提升和可持续运营。

3)已出台的相关标准规范缺乏针对性,操作性不强

从当前已经出台的国家及行业层面的管理规定和标准看,基本上是从农村客运的政策保障、营运客车安全、驾驶员技能等某一方面对旅客运输服务进行了规定。例如,《道路运输驾驶员技能和素质要求 第1部分:旅客运输驾驶员》(JT/T 917.1—2014)从驾驶员的基本素质要求、专业知识及技能要求做出了相应的规定。交通运输部出台的《关于全力推进乡镇和建制村通客车工作确保完成交通运输脱贫攻坚兜底任务的通知》(交运函〔2020〕206号)从管理制度、服务价格、车型要求

及政策保障等方面对预约响应式农村客运服务提出了要求。我们知道,预约响应式农村客运服务供给包含了运营车辆、驾驶员、经营者、安全管理及服务投诉等核心要素,现有的标准和规范性文件针对这些核心要素缺乏具体的规范,已有的标准规范很难起到具体的规范和指导作用。在这种情况下,需要结合预约响应式农村客运服务的核心要素制定专门的标准规范,真正满足实际需要。

4)各地出台的相关规范要求不统一

各地对预约响应式农村客运服务的要求不统一,差异性较大。经营资质方面,多数地区要求经营企业应具备道路旅客运输经营资质,经营范围与经营许可证经营范围一致,但也有部分地区有其他规定。安徽省要求经营企业取得道路运输三类及以上客运班线资质或道路包车客运经营业务,广西壮族自治区要求经营者必须具有合法的道路运输经营资格,可以利用班线客车、旅游客车、公交车、出租车等合法经营车辆从事预约响应式客运服务。服务价格方面,河北省实行市场调节价但不高于省农村客运班线政府指导价的2倍;青海省要求运输价格合理,达成运输约定后,按照预约的价格提供运输服务,未对运输价格做量化要求。响应时间方面,河北省要求从乘客提出需求到服务的响应时间,原则上不超过20min,特殊情况不超过40min;湖北省要求车辆在承诺的响应时间内到达预约乘车地点;海南省提出从乘客提出需求到服务的响应时间,原则上不超过30min;云南省要求从乘客提出需求到服务的响应时间,原则上不超过1d。

5.2.2 适应性评价

通过从国家层面、行业层面及地方层面等几个维度了解道路旅客运输和农村客运相关标准规范的制定现状和分析其特征,本书认为,当前预约响应型农村客运服务规范行业标准尚处于空白状态,各地出台的相关服务规范标准不统一,未完全覆盖服务供给的核心要素,围绕提供预约响应式农村客运服务的核心要素实施规范化管理是非常必要的。它有效地保障了具备条件的乡镇和建制村实现百分百通客车的目标,巩固了乡镇和建制村通客车成果,提高了运营服务的水平,支撑了农村居民的便利化出行,为完成交通运输脱贫攻坚的兜底性任务、实现乡村振兴奠定了坚实的基础。因此,本书认为应全面加强行业层面的引导,出台针对预约响应式农村客运服务标准规范,有效解决现有标准规范缺乏针对性的问题,以便于地方层面在规范农村客运服务时有章可循,并在此基础上跟进出台相关配套政策,为农村客运发展营造更好的发展环境。

6 服务规范研究

6.1 研究思路

预约响应型农村客运服务标准和规范的编制,一方面应与预约响应型农村客运服务的新需求相适应,针对当前和今后一段时期的市场需求、公共服务需求提出相应的规范条款;另一方面还要结合农村客运以及预约响应型农村客运现状存在的问题,考虑如何制定出切实可行,具有可操作性和约束力的规范;第三,在标准编制过程中,还应注意与其他相关标准的衔接,避免内容重复或者存在矛盾。服务规范编制思路如图 6-1 所示。

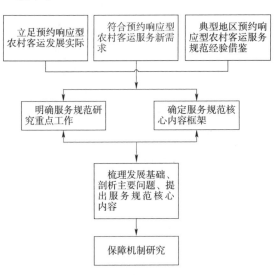

图 6-1 服务规范编制思路

基于以上几点考虑,本规范的研究制定应着重做好以下几项工作:

1)关注因环境背景变化而变化的客运服务需求

研究发现,现有围绕客运服务开展的规范研究成果主要集中于城市公共交通、水路客运等领域,而对于农村客运尤其是预约响应式农村客运服务规范研究目前还处于"零"状态。随着党的十九大报告提出乡村振兴战略的实施、"四好农村路"建设持续推进、经济社会发展水平的进一步提升、互联网和人工智能等高新技术的广泛应用等变化都对农村客运行业发展和客运服务需求产生着深刻的影响,客运服务供给也将因此发生变化。因此,服务规范的研究将重点关注因外部环境变化而对农村客运服务提出的新的需求,例如,巩固乡镇和建制村通客车成果的需求、农村居民从"走得了"转变为"走的好"的出行需求等,围绕这些新的服务需求,科学规范预约响应式农村客运服务供给。

2)突出预约响应式农村客运服务的特点

为实现具备条件的乡镇和建制村百分百通客车,各地交通运输主管部门不断加快推进农村客运供给侧结构性改革,采用城乡公交、镇村公交、班线客运公交化改造、区域经营及预约响应等经营模式,满足不同条件地区居民出行需求。这些经营模式在发车时间、票制票价、车型选择等方面有着显著的不同,因此,服务规范的研究应深度挖掘和紧紧抓住预约响应式农村客运服务的客流分布特点和需求特征做重点研究,提出有针对性的服务规范条款。对于其他已有服务规范中与预约响应式农村客运重合的服务要求,本规范将直接引用相关标准。

3)综合考虑农村客运服务全生命周期对服务产生影响的核心因素

本书作者通过查阅以往有关农村客运服务及道路旅客运输服务相关规范、标准的过程中发现,相关标准规范的研究工作大多聚焦于车型的选择、驾驶员素质等提供服务的某一核心要素上。而事实上,在提供预约响应式农村客运服务过程中,经营许可、经营者及安全管理等要素也对服务能力和服务质量有较大影响。因此,本书将提供预约响应式农村客服务的全生命周期和所有核心要素纳入研究范畴,对服务提供过程中所有影响服务的因素和行为展开研究,并制定相应的服务规范条款。

4)注重农村客运存在的现状问题对服务供给的影响

发展农村客运既是社会主义新农村建设的重要组成部分,又是社会主义新农村建设重要基础和保障工程之一。长期以来,国家一直非常重视农村客运的发展,持续将建制村通客车作为更贴近民生实事项目大力推进。然而,要不断提升农村客运的服务质量，不仅仅要针对提供客运服务的全要素进行规范，更需要摸清农村客运特别是预约响应型农村客运发展现状，找准其存在的主要问题，在此基础上有针对性地制定相应的服务规范。因此，本书在开展预约响应型农村客运服务规范研究过程中将梳理出的农村客运发展现状及存在问题作为编制服务规范的重要研究依据和基础，使研究提出的服务规范贴近实际。

6.2 编制原则

1）贴近实际原则

服务规范的研究虽然能有效弥补了预约响应型农村客运服务规范的空白，属于农村客运服务乃至道路旅客运输服务领域的一项延伸性技术标准，但始终牢牢基于目前农村客运及预约响应型农村客运发展现状、旅客出行的实际需求及客流特点，在标准条款内容规定上充分考虑现实条件，不做脱离现实的规定，尽力提高标准的可操作性。

2）与相关标准规范衔接原则

此前研究表明，预约响应型农村客运是交通运输主管部门和市场运营主体不断优化通客车服务的过程中产生的一种新型运营模式，能够满足某些特定条件和地区居民的出行需求。因此，它与出租汽车经营服务、城市公共汽电车经营服务、水路客运经营服务具有很多共同点。目前，国家、行业和很多地区围绕出租汽车、城市公共汽电车以及水路客运服务已经出台过相关的标准和规范。在这种情况下，本规范的编制应与现有出租汽车、城市公共汽电车以及水路客运服务等服务标准和规范做好衔接和协调工作，避免内容的交叉和重复。

3）突出重点原则

预约响应型农村客运提供服务的过程涉及的内容非常广泛，包括标志标牌样式、运营车辆类型、运营服务人员素质、智能化信息服务等，本规范的内容和制定的目的不是要将所有的问题都解决和做出规定，只在关键的核心要素上做出要求、提出规范，比如驾驶员的操作和服务规范、经营者的服务流程规范等，通过突出重点、规范核心要素，起到引领和促进预约响应型农村客运规范化发展的作用。

6.3 核心内容

服务规范的核心内容由总体要求、客运车辆、驾驶员、经营者、安全管理和服务投诉六部分组成。服务规范核心内容结构如图6-2所示。

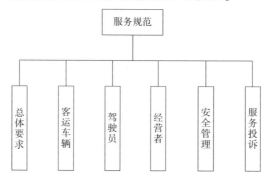

图6-2 服务规范核心内容结构图

6.3.1 总体要求

1）遵规守法

在移动互联网时代，预约响应式农村客运作为农村客运的一种新型运营模式，它的出现有效地提升了农村客运覆盖区域的通达深度和广度。从消费者需求看，预约响应型农村客运提供了多样化的出行方式，满足了消费者多元化出行需求。从本质上看，预约响应型农村客运是农村道路客运班线的一种有效补充，应与传统的道路旅客班线运输方式一样受交通运输主管部门监管。因此，预约响应型农村客运经营者和驾驶员应贯彻执行国家法律法规和政策的有关规定，接受管理部门的监督检查。

2）以人为本

交通运输业是服务性行业，为人民服务是交通人的宗旨。坚持人民交通为人民，就是要大力提高服务质量，奋力建设人民满意交通，不断提升人民群众获得感、幸福感、安全感。交通运输部将扎实推进巩固拓展交通脱贫攻坚成果同乡村振兴的有效衔接、统筹城市和农村交通高质量发展作为"十四五"时期的十二项重点工作之一。在开展预约响应式农村客运服务过程中，经营者和驾驶员应以满足人民群众出行需求为宗旨，依法经营、诚实守信，为乘客提供及时、便捷、舒适的运输服务。

3) 绿色发展

在党的十九大报告中,习近平总书记明确要求推进绿色发展、着力解决突出环境问题、加快生态系统保护力度,并对交通强国、绿色出行、污染防治攻坚战等进行了明确部署。绿色交通是交通强国的重要特征和内在要求,迫切需要交通运输行业主管部门深入推进绿色交通发展,服务交通强国建设。因此,预约响应型农村客运经营者在使用符合国家规定的车辆和设施设备的同时,还应积极使用清洁能源、新能源车辆开展运输服务,以有效满足新时代人民日益增长的优美生态环境需要。

4) 平安交通

安全是发展的前提,交通运输安全生产的稳定与否不仅影响行业自身,也会影响国家安全和社会稳定。安全生产作为交通强国建设当中的重要任务,是所有一切工作必须要坚守的重要底线。做好交通安全生产工作,是满足人民群众安全、便捷出行的重要需求,是不断增强人民群众获得感、幸福感、安全感的重要要求。从行业层面上看,交通运输必须全面贯彻总体国家安全观,增强预见性和主动性;从企业层面上看,预约响应型农村客运经营者应坚持安全第一的原则,特别是当突发事件发生时服从政府相关部门的统一调度和指挥,保障乘客生命财产安全。

6.3.2 客运车辆

1) 基本要求

国务院颁布的《道路交通管理条例》第17条规定:"车辆必须经过车辆管理机关检验合格,领取号牌、行驶证,方准行驶"。同时,道路运输证是证明营运车辆合法经营的有效证件,也是记录营运车辆审验情况和对经营者奖惩的主要凭证,是行业主管部门对农村客运服务供给方进行管理的有效抓手。因此,提供预约响应型农村客运服务的车辆应取得公安部门核发的机动车号牌和行驶证,应取得道路运输主管部门核发的道路运输证。

保障农村客运市场的安全运营,安全性能完好的营运车辆是基础。面对激烈的行业竞争,客车生产企业大多通过不断降低产品成本,以提高自身竞争优势,而带来的后果是产品质量得不到保证,给车辆的日常运行带来极大的安全隐患。因此客运企业购置的营运车辆在技术条件、污染物排放及车辆的维护、检测、诊断等方面应符合《机动车运行安全技术条件》《汽车维护检测诊断技术规范》及《轻型汽车污染物排放限值及测量方法(中国第六阶段)》的有关规定。

2）设施设备

安全设施设备在车辆营运过程中遇涉水熄火、车辆失火等突发状况时发挥着至关重要的作用。为保障旅客安全出行，营运车辆应按规定配置灭火器、安全锤、车门紧急开启装置等设施设备，并定期检查、维护和更新，一旦发生情况，可减少人员财产损失。同时，为方便行业管理部门及经营者监测区域内车辆运行状况，对被监控车辆进行合理调度，对遇有险情或发生事故的车辆进行紧急援助，保障乘客人身安全，降低安全风险，还应按照《道路运输车辆卫星定位系统 车载终端技术要求》在营运车辆中安装具有行驶记录功能的车载卫星定位系统和视频监控设备。

3）车型选择

选择合适的预约响应型农村客运车辆，首先要明确市场定位，确定目标市场需求，才能合理配置运力。考虑到预约响应式农村客运是农村班线客运的有益补充，主要适用于偏远地区及客流需求不规律的地区。因此，在满足居民实际出行需求的基础上，为节省企业运营成本，车辆宜采用小型客车，采用5座以上的营运客车应符合《机动车运行安全技术条件》的相关规定，采用7座以上营运的客车，应是国家道路运输行政主管部门公布的乡村公路营运客车推荐车型，还应符合《乡村公路营运客车结构和性能通用要求》和《营运客车安全技术条件》的有关要求。

4）运营范围

在各类运输需求中，农村客运需求具有其特殊性，农村客运客流呈现早进城晚回乡，节日、集贸、农闲等时段客流较多，受季节性影响较强等特点。预约响应式农村客运作为农村客运班线的有效补充，通常服务于客源稀少的建制村，若为保障乘客的预约响应出行需求单纯的额外增加运力投入很容易造成营运车辆大部分时间闲置的情况。因此，经许可机关同意，允许在农村客运班线上运营的营运客车也可同时采取预约响应的方式运营可有效提高车辆实载率，降低企业运营成本。

5）车容车貌

客运车辆是预约响应式农村客运服务的主要场所，车辆车况和车厢环境的好坏直接影响乘客对农村客运服务质量的认识和感受，同时也是提升农村客运服务质量的重要抓手和努力方向。目前，我国农村客运车辆普遍存在年久失修、车况不佳等问题，车内的环境卫生需要提升的空间也比较大，在这个方面，与城市客运的差距较为明显，需要着力解决。因此，预约响应式农村客运车辆车身外表要保持整洁，定期进行清洗，清洗次数每周应不少于1次；车辆号牌位置正确，安装牢靠，字迹清晰；门窗玻璃无缺损，车门功能正常，车窗玻璃密封良好；车辆外侧及车内广告不应遮挡车辆服务和安全标志标识。

6）标志标识

预约响应式农村客运是当前和今后一个时期农村客运服务体系的重要组成部分，为全国完成具备条件的乡镇和建制村全部通客车的兜底性任务发挥了重要作用。统一客运车辆车身标志标识有利于乘客识别合法车辆和方便社会监督，打击非法营运行为，保障乘客及运营企业的合法权益，提升我国预约响应式农村客运的整体形象。因此，应在车身显著位置喷绘预约响应型农村客运服务标志、预约方式、经营者服务监督电话和当地交通运输服务监督电话；车内显著位置应张贴禁止吸烟、文明乘车及服务承诺。

6.3.3 驾驶员

预约响应型农村客运驾驶员直接服务于乘客，其素质高低、服务是否规范直接影响到乘客出行体验，需要对于驾驶员提出相应要求以规范其服务行为、提高服务质量，更好地满足人民出行需求。因此，课题组从驾驶员的基本要求、操作规范、服务规范3个方面研究提出了相应的服务要求。

1）基本要求

《道路运输从业人员管理规定》（交通运输部令，2019年第18号）第九条提出经营性道路旅客运输驾驶员应当符合下列条件："（一）取得相应的机动车驾驶证1年以上；（二）年龄不超过60周岁；（三）3年内无重大以上交通责任事故；（四）掌握相关道路旅客运输法规、机动车维修和旅客急救基本知识；（五）经考试合格，取得相应的从业资格证件"。从业资格是对道路运输从业人员所从事的特定岗位职业素质的基本评价，对规范驾驶员基本素质，保证服务安全具有积极意义。因此，从事预约响应型农村客运服务的驾驶员应取得当地道路运输主管部门核发的驾驶员从业资格证和公安部门核发的机动车驾驶证，并驾驶与之相符合的准驾车型。

同时，在《道路运输驾驶员技能和素质要求 第1部分：旅客运输驾驶员》（JT/T 917.1—2014）中，对道路旅客运输驾驶员基本素质、专业知识要求、专业技能要求均做出了明确要求。因此，为了保证预约响应型农村客运服务质量、为乘客创造和谐、文明的出行氛围，驾驶员在相关技能和素质要求等方面还应符合《道路运输驾驶员技能和素质要求第1部分：旅客运输驾驶员》JT/T 917.1中的相应要求。

2）操作规范

由于道路运输从业人员从业资格证考试中,已经将从事旅客运输所需的基本知识和技能进行了统一考核,因此标准中不再对一般性旅客运输要求做出规范,主要针对预约响应型农村客运特点,对驾驶员提出相应要求。由于预约响应型农村客运不定线路、不定点、不定班次的特点,需要驾驶员熟练使用电话预约和网络平台预约终端,熟悉经营范围内道路和交通情况,遇客运车辆故障无法正常行驶的,需及时协调、引导乘客换乘备用车辆,随时满足乘客出行需求。

3）服务规范

由于单次服务乘客数量较少,预约响应型农村客运驾驶员与乘客的沟通和交流相对于班线或包车客运驾驶员来说较多,更需要妥善处理提供服务过程中的各类情况,提高乘客对服务的满意度。因此,驾驶员应着重做好以下几方面工作。一是驾驶员收到订单后,应当主动与约车人或乘客联系,询问旅客上下车地点、上车时间、行李情况、特殊需求等信息;二是当无法按时到达上车地点时,应当主动告知约车人或乘客,并解释原因;三是约车人或乘客上车后,应当主动问好,提醒乘客系好安全带及注意事项,核对到达地点并全过程使用文明用语;四是发现乘客遗失财物,应主动联系约车人或乘客,设法及时归还。无法联系的,应当及时联系经营者或有关部门;五是因特殊原因旅客乘车中途需要临时变更终到地点,在补足运费差价和不影响其他旅客出行的情况下应允许变更;六是运营过程中应根据预约平台规划线路或乘客意愿合理选择行驶路线,不得故意绕路及中途甩客;七是不得对举报、投诉服务质量或对服务作出不满意评价的乘客实施报复。

6.3.4 经营者

预约响应型农村客运经营者作为服务的提供者,需要具备一定的条件,以便行业主管部门对其进行管理、社会公众对其进行监督。因此,本书从经营者的基本要求、服务流程、拼车服务及其他要求等方面明确了相关服务规范。

1）基本要求

基本要求主要是从企业资质、管理制度等企业自身实力要求和服务价格、服务方式、服务响应时间、服务连续性等服务供给要求两面面提出。

（1）企业资质要求。企业资质是企业经营预约响应型农村客运服务的基本前提和准入条件,必须予以明确。按照一般道路客运企业经营资质要求,从事预约响应型农村客运服务的经营者最低应当取得当地道路运输行政主管部门核发的道路旅客运输经营许可证,且经营范围与经营许可证范围一致。考虑到预约响应型服务有别于传统农村客运服务,需借助互联网平台或电话等工具,因此要求经营者在提供服务的时间段内,保障预约渠道畅通。

(2)管理制度要求。根据《道路旅客运输及客运站管理规定》(交通运输部令2020年第17号),从事道路客运经营的,有健全的安全生产管理制度,包括安全生产操作规程、安全生产责任制、安全生产监督检查、驾驶员和车辆安全生产管理的制度。完善的管理体系是预约响应型农村客运服务供给者提供优良服务品质的保障,有必要建立包含安全管理、经营管理、运营管理、车辆管理、驾驶员管理等在内的管理制度。在此基础上,还需要建立健全预约响应服务管理制度,包括预约车辆档案管理制度、调度管理制度、预约信息登记制度等,以便为这一新兴客运服务模式的实际运营做足充分的制度保障。

(3)服务价格要求。服务价格关乎企业运营成本和乘客出行成本,是双方都关心的关键因素。传统的农村客运班线作为公共服务通常由政府定价或执行政府指导定价。但与传统的农村客运班线相比,预约响应式农村客运服务的水平相对更高,也能更好地满足公众的个性化出行需求。在考虑制定服务价格时,应充分发挥市场调节价格的作用,在农村居民可承受范围内赋予经营企业一定范围内的运价定价权,确保其获得合理的利润率,以促进经营企业可持续发展。因此,服务价格应由当地交通运输部门和物价部门核定,未核定的可由双方协商确定。服务价格一般不应高于当地农村客运班线价格的2倍,且应显著低于当地县域同时段、同运距出租汽车价格。

(4)服务方式要求。为了使乘客享受更规范的服务,本书还对经营企业提供服务的方式进行了要求,包括信息公示和载客方式两个方面。信息公示方面,要求企业在客运站、候车亭、行政村综合服务站等场所设立公示牌,向社会公示企业名称、预约电话或平台联系方式、服务时间、收费标准、投诉电话等信息,方便群众预约乘车。载客方式方面,要求经营者按约车人或乘客约定的,允许停车的时间、地点上下客,不应该巡游揽客、站点候客和班线运输,这样既区别于出租、公交或班线等服务方式,又能提供精准化、差异化的服务。

(5)服务响应时间要求。服务响应时间反映了服务的及时性,在一定程度上会影响乘客的乘车体验,因此,充分考虑乘客可接受的等候时间,要求经营者在接听预约电话或网络预约后,应向乘客承诺服务响应时间,并在承诺的时间内到达预约地点,从乘客提出需求到服务响应,原则上不应超过20min。

(6)服务连续性。服务连续性反映了服务的稳定性,经营者在提供服务过程中一方面应承诺其最低服务时长,以保障乘客的基本出行需求,每天接受网络预约或电话服务时间应在12h及以上;另一方面,经营者提供的预约服务要保证预约服务的连续性而不能间断性提供,在服务时间段应保证预约服务电话畅通并有客服接听,以确保预约渠道的畅通,从而为乘客提供稳定、常态化的预约响应服务。

2)服务流程要求

在明确了基本服务要求的基础上,考虑到发起预约、订单确认、订单取消或变更、订单完成等预约流程是经营者为乘客提供服务的重要环节,有必要对这些环节进行规定,以保证经营者能规范有序地提供预约服务。

(1)发起预约要求。发起预约是提供预约服务的第一步,需要约车人提出需求、经营者响应需求,因此双方需要详细说明各自信息。约车人通过电话或预约平台发出预约需求,经营者接受约车人需求时,应主动向约车人公示说明提供服务的车型、服务价格、服务时间等服务内容,实现快速对接,保证能及时、快速、准确地建立服务联系。

(2)订单确认要求。在双方初步建立了服务联系后,还需通过平台或短信进一步确认订单,以建立真正的契约。因此,与约车人或乘客确认后,经营者应当通过手机短信等方式向约车人或乘客提供服务车辆车牌号、驾驶员姓名、驾驶员联系方式等信息并按预约的地点、时间、价格和线路提供运输服务,保证乘客提前知晓服务提供者信息和出行安全。

(3)订单取消或变更要求。在交易进行中要切实保证经营者和乘客双方的利益,因此,在研究提出经营者服务规范的过程中,针对订单取消和变更方面也设定了免费及收费的相关要求,即经营者不得擅自取消订单,如有特殊情况,确实无法提供服务的,应电话通知约车人;旅客可以在约定时间30min以内免费取消订单,30min以外取消订单的、取消费用不得超过订单费用的10%;旅客上车后,变更行程路线的,费用按实际行程收取。订单取消或变更要求的设定对于约束经营者和乘客行为、建立公平的契约关系具有一定作用。

(4)订单完成要求。订单完成后还涉及支付、索取发票等事项,因此标准规范针对这一环节规定了后续的交易要求,以保证双方的经济权益。要求到达下车地点后,双方应通过手机短信、预约平台或驾驶员确认本次用车服务费用;乘客确认订单并支付费用后,应当向乘客提供税务部门统一印制的发票,约车人、乘客另有约定的除外。

3）拼车服务要求

在开展常规预约响应型农村客运服务的同时,考虑到乘客出行线路存在同向性,从资源节约角度出发,拼车服务是一种理想的运营服务模式。因此,为规范拼车服务供给方的运营行为,保证拼车乘客的出行体验和出行效率,有必要从开展拼车的条件、人数、距离、时间等方面进行规定。

拼车条件方面,时间和线路相同或相近的预约需求在取得乘客同意的基础上,可以开展拼车服务以兼顾效率和效益;拼车人数方面,拼车服务乘客人数和驾驶员总数不得超过车辆核载人数,以保证行车的安全性;拼车距离和时间方面,拼车服务绕行距离不得超过第一位预约服务上车旅客全程的50%以上,等候时间不得超过15min,以保证一定的服务水平和服务品质。

4）其他要求

经营者在提供预约农村客运服务过程中,为保障乘客出行安全,明确供需双方的责任和义务,避免不必要的纠纷,经营者还需从以下几方面进行规范。一是按照乘客预约时间和人数等,合理调度车辆并保障提供服务的线上和线下客运车辆、驾驶员一致;二是制定服务乘客守则,明确预约取消、未按照预约地点和时间乘车、未全额支付预约费用等情形下的乘客违约责任,并通过电话、短信等渠道及时告知预约乘客;三是定期组织从业人员进行有关法律法规、岗位职责、操作规程、服务规范等基本知识与技能的考核;四是不得招揽预约以外的乘客乘车;五是建立并完善运营线路、驾驶员等台账信息及车辆技术档案。

6.3.5　安全管理

1）公路安全条件

我国大多数建制村的农村公路已实现了通畅,但是仍有一些地处山大沟深、距乡镇中心较远的地区还未通硬化路,且由于地形地貌原因,这部分地区农村公路大多建于高原、高山地带,道路宽度不足,陡坡急弯十分常见,很多农村公路也缺乏必要的安防工程,这些都在客观上对开通预约响应式农村客运服务形成了安全隐患。同时,大多数农村公路自然病害较多、技术等级相对较低、抗灾能力相对较弱,道路交通网络化程度不高,安全隐患相对较大,且由于安全监管面广线长,人员、装备和经费有限等原因,一旦发生紧急事件,进入现场、指挥救援等工作难以快速开展。

基于上述分析,根据《中华人民共和国道路交通安全法》和《中华人民共和国道路运输条例》及相关标准规范,综合考虑农村公路建设发展情况和客运服务的安全性,公路安全应满足以下要求。一是途经公路应已竣工验收并交付使用。二是服务过程中途经的等级公路,技术指标应符合《公路工程技术标准》(JTG B01—2014)的规定。三是服务过程中途经的等外公路,路基宽度不低于4.5m,并按规定要求设置错车道;单车道隧净高不小于3.5m;按《公路桥梁技术状况评定标准》(JTG/T H21—2011)规定的技术状况评定标准,途经桥梁总体状况评定等级应为一类、二类和三类桥梁;应在急弯陡坡、临水临崖等重要路段完善公路安全设施。

2)车辆安全管理

为提高运营的安全性,运输企业应加大对客运车辆运行的监管力度,保障预约平台预约的车辆信息与实际提供服务的车辆一致性。车辆安全标志和信息符号的设置应符合《客车用安全标志和信息符号》(GB 30678—2014)的规定,以提高车辆安全运营水平,保障旅客出行。同时,应严格车辆准入制度,保证投入运营车辆符合国家有关规定,防止非客运车辆、报废车辆、安全技术条件达不到要求的车辆进入农村客运市场。加强对车辆安全技术性能的监督,及时进行车辆维护检修,确保车辆安全技术性能完好,做到及时发现车辆技术问题及时解决,避免由于车辆技术问题发生客运安全事故。

3)驾驶员安全管理

加强对农村客运车辆驾驶员的安全教育管理,是有效预防客运车辆交通事故的重要抓手之一。因此,应注重对驾驶员的安全管理,主要包含以下几方面的重点工作,一是对农村客运驾驶员进行安全警示教育培训,使其遵守道路交通安全法律法规,安全行车;二是预约平台提供服务的驾驶员信息应与实际提供服务的驾驶员保持一致,便于对驾驶员在运营服务过程中的监管;三是按照机动车行驶证核定人数载客运行,不得有拨打接听手机、超速驾驶、超载驾驶和疲劳驾驶等妨碍安全行驶的行为;四是不得在连续3个记分周期内有同等责任以上(含同等)重大交通事故、危险驾驶、酒后驾驶等记录;五是组织客运驾驶员按时参加安全教育及业务学习,使其具备事故预防、路面应急处置和乘客基本急救等能力,保障旅客安全出行。

4)经营者安全管理

经营者是预约响应型农村客运市场的主体,其安全管理水平直接关系到服务质量、安全保障的优劣。因此,经营者应着重开展以下几方面工作,不断提高自身安全管理水平,一是建立安全监督检查和动态监控管理等规章制度,强化制度保障;二是配备专职动态监控人员,在客运车辆运行期间对客运车辆和驾驶员进行实时监控和管理,并建立动态监控台账,强化人员保障;三是按规定为客运车辆和乘客购买安全生产责任保险、机动车交通事故责任强制保险等相关保险并按责任认定承担相应责任,强化责任保障;四是加强对服务人员安全意识、安全防范及应急处置能力的教育和培训,对驾驶员安全学习教育每月不少于一次,强化能力保障。

5) 信息安全管理

当约车人或乘客通过电话或预约平台向经营者约车、经营者通过调度平台进行派车、驾驶员向乘客确认订单信息、服务结束乘客完成支付时,会产生银行账户或支付账户、家庭住址等个人隐私信息,为维护乘客合法权益,经营主体应保障这些信息的安全。因此,一方面,应建立健全营运信息安全防护制度,加强对预约村庄、乘客姓名、联系方式、支付账户、运行线路、运行时间、营收票款等信息的保护;另一方面,不得擅自泄露、传播采集的约车人和预约乘客信息;最后,应采取有效的身份认证管理制度及隐私数据保护措施防治约车人、乘客等个人信息的泄露和丢失。

6.3.6　服务投诉

1) 服务要求

预约响应型农村客运以适应群众美好出行新期待和新需求为宗旨,以交通扶贫和服务乡村振兴战略为主线,是农村客运的一个重要组成部分。从长远发展来看,提高预约响应型农村客运服务质量是保障农村客运可持续发展的重要途径,是我国推进城乡客运一体化建设的有力抓手。研究提出对预约农村客运服务的要求是遵从服务行业特点的内在需要,也是提升服务质量的外在要求。

因此,在开展预约响应型农村客运经营服务时,首先,经营者应公开服务承诺,按规定建立投诉受理和处理制度,设置服务监督与投诉处理机构,公布服务监督电话、投诉方式和处理流程并设有专人受理乘客投诉。其次,经营者应建立和健全企业服务质量监督制度,定期对投诉情况进行分析,梳理问题,及时改进服务质量。再次,应定期开展乘客服务满意度调查,广泛收集乘客意见和服务评价,并以此为依据不断改善和提升服务水平。最后,应建立遗失物品登记认领记录台账,拣拾乘客遗失的物品应妥善保管并按规定上交。

2) 投诉处置

预约农村客运是一项保障广大农民群众出行的民生服务,对改善人民群众生活条件、提升人民群众获得感具有重要意义。乘客满意度和乘客安全是交通运输行业谋求发展的一项永恒不变的主题,及时解决乘客在体验预约农村客运服务过程中遇到的问题,对于进一步提升客运服务水平,更好地满足农村群众出行的安全与便捷具有重要意义。

在提供运营服务过程中,一是要明确投诉方式,以便约车人或乘客对服务质量、行车线路、用车费用等有疑问或不满的,可以通过拨打经营者服务监督电话、交通运输服务监督电话等方式咨询、投诉。二是对于出现严重违法行为如骚扰、吸毒、酒驾、严重超速或者影响人身财产安全等方面投诉的,经营者应暂停驾驶员服务,及时、认真核查落实并根据情况立即向有关部门报告。三是接到咨询投诉后,保障处理的时效性,经营者应当在24h内处理,5d内处理完毕,并将处理结果告知约车人或乘客。

7 保障机制研究

保障机制研究将全面系统地研究构建保障农村客运可持续运营的相关机制，推动高质量的客运公共服务向农村延伸，健全全民覆盖、普惠共享、城乡一体的客运公共服务体系，推进城乡客运公共服务标准统一、制度并轨，从提高农村客运服务质量机制、完善农村客运安全保障机制、提升农村客运管理水平机制等方面提出相应的对策建议。

7.1 提高农村客运服务质量机制

7.1.1 优化运营模式和运力结构

目前，农村客运的运营模式包括公交、班线、区域经营、预约响应等几种，公交和班线客运主要出现在城镇化基本完成或经济社会较为发达省市的农村地区，以及大多数省市的县城至乡镇区间，这些区域和线路一方面由于政府财政实力较强可以对农村客运长期稳定经营进行有力地补贴，另一方面由于县城至乡镇之间的客流较为可观，农村客运能够基本实现收支平衡或微利。区域经营和预约响应模式作为两种因地制宜、按需灵活开行的"兜底性"农村客运模式，当前一个阶段主要服务的区域为镇村区间，这在全国是普遍现象。

"十四五"时期对农村客运发展来说，总体上的几大关键任务是解决遗留问题、巩固已有成效、实现高质量发展，运营模式是方向性的重要问题，是推进农村客运供给侧结构性改革的核心领域，要根据农村地区经济社会发展、群众出行需求的变化，不断优化配置农村客运资源和运力，明确各种运营模式的定位和服务对象，分类分级施策,从根本上提升农村客运服务质量和发展水平,使农村客运真正助力乡村振兴战略的实施。

在乡村振兴战略的大背景下,农村客运担负着多重使命,不但要保障农村群众的基本出行,落实基本公共服务均等化原则,用更加优质、规范的服务缩小城乡差距;还要通过持续创新培育和发展新业态、新服务、新模式,满足农村群众出行的特殊需求和场景,因此需要对目前几种已有的运营模式进行再审视、再梳理,放在助力和推进乡村振兴战略的需求下,重新确定各自定位和未来发展方向,并挖掘新的运营组织模式。

1)对标城市公交不断提升农村公交服务质量

公交作为当前和今后一个时期服务质量和水平最高的一种运营模式,需要巩固已有成效,持续不断地加大投入保证其长期健康稳定发展。在提高服务质量方面要全面对标城市公交,查缺补漏补齐服务内容的短板,提高服务的标准。同时,进一步明确县级人民政府和交通运输管理部门农村公交行业监管的主体责任,建立健全完备的农村公交考核管理制度和办法,彻底缩小和消除城乡公交从外在服务和内在管理的差距和差别。

2)补齐短板不断规范发展农村班线客运

一直以来,班线客运是农村客运的主力军,承担着运送农村群众进城入村的重要任务,为农村客运发展做出了重要贡献,但同时也存在着一定的服务质量上的问题。比如,农村班线客运车辆车龄较长、车况较差、车厢内环境有待提高、运营不能保证定点定线定班等,总体来看服务质量问题表现为不规范,未来需要进一步强化行业管理,一方面积极加大扶持力度;另一方面加强日常性、经常性的监管,形成奖惩分明、规范有序的市场环境秩序。

3)灵活创新挖掘预约响应式服务潜力

区域经营、预约响应是各地农村根据发展实际条件和客观需求探索出的运营模式,是当前和今后一个时期农村客运服务体系的重要组成部分,为全国完成具备条件的乡镇和建制村全部通客车的兜底性任务发挥了重要作用。"十四五"时期,预约响应式运营模式要在保证建制村通车基本公共服务的基础上,坚持创新,不断挖掘农村客运和农民出行的新需求,不断延伸和拓展服务网络、不断扩展服务对象和服务场景,不断改进和提升服务,不断孵化和培育新业态,创建"新农村新客运"品牌。要大胆引入社会资本和力量,尝试通过政府购买服务等方式,在准入机制、奖惩办法、盈利模式上大胆创新,在村村通车、门到门出行、送报送件、道路养护监测等领域取得突破,形成可借鉴可推广的成熟经验做法。

4)统筹和动态调整各运营模式及运力结构

运力结构方面,未来要继续突出农村客运的公益性基本公共服务的属性,保障和增加公交、班线运力供给,不断拓展公交、班线服务覆盖范围,同时灵活调配区域经营和预约响应式运营模式运力,最大限度地利用有限的农村客运运力,在热门线路上有必要时同时开通几种运营模式,但也要尽量避免运力资源的浪费。

7.1.2 完善网络节点规划布局

网络和节点规划布局是任何形式的客运服务的重要基础工作,农村地区地广人稀,客运网络和节点的规划布局对农村客运来说就更加重要了,我国农村客运的网络和节点的布局有以下几方面的特点。网络方面,目前的农村客运网络受限于农村道路网基础条件限制,与城市公交线网相比,密度仍然较低,线路结构也相对简单,呈现出显著的县城—乡镇政府所在村—其他建制村三级结构,一条路跑一趟车是普遍情况,线网韧性不高。节点方面,农村客运一方面站点不多,主要在县城汽车站、乡镇中心街道区域、建制村村委会附近设站,自然村由于未全部通车,因此站点较少;另一方面车辆真正接客落客的地点又遍布线路沿线任意一点,很多地点属于违规上下客,总体上处于固定性和随机性共存的状态。

由于区域经营和预约响应式农村客运的建设重点是解决通达性问题,网络节点相对灵活自由,这里所说的完善网络节点规划布局主要针对公交和班线客运形式,在进行规划布局和调整时要注意以下几方面的问题。

1)强化科学的规划布局方法

客运网络和节点规划布局是一项专业性技术性很强的工作,需要强化科学方法的使用,要扎实开展客流调研、需求测算、方案设计规划、仿真模拟等相关基础工作,必要时聘请专业的咨询团队开展相关工作,交通运输管理部门要对相关工作的质量进行评估、抽查,从制度上保证农村客运网络和节点规划布局的科学性、可行性。

2)重视征求出行群众的意见和建议

农村客运服务的受益者和使用者归根结底是广大农村群众,网络节点布局方案制定后,必须将征求群众意见和建议作为规划方案正式出台的前置条件。征求意见和建议的范围包括但不限于网络覆盖度是否满意、站点站牌设置是否方便群众出行等。

3)统筹考虑客运企业经营投入产出

企业是提供农村客运服务的主体,因此企业要全程参与网络和节点规划布局方案的制定,在不断提高农村客运覆盖范围、惠及更多群众的同时,要谨慎客观地评估网络节点规划布局方案的可行性,量化测算企业为了执行方案所需要的投入和产出,一方面避免依靠财政补贴、使微利的农村客运企业造成不必要的经营压力;另一方面避免因网络和节点规划布局方案的不科学给农村客运长期健康发展造成隐患。

4)适当缩短网络节点布局调整周期

未来一个时期,我国农村经济社会发展将进入高速发展时期,产业结构、居住人群、村落结构必然会发生较快、较大变化,因此农村客运网络节点规划布局方案应当根据建制村撤并、常驻村民数量、村民出行需求等变化因素进行及时有效地调整,开展定期和不定期的运营能效评估,必要时可以适当地缩短调整周期。

5)注意与其他相关规划统筹衔接

目前,已有多地的农村客运车辆在运送旅客的同时承担着小件快运等其他功能,因此在规划农村客运网络节点时应当与农村货运物流网络节点规划、农村运游融合规划等其他相关规划进行衔接,充分发挥农村客运网络效能。

7.1.3 保障和优化车辆配置

车辆是农村客运服务的主要工具,车辆车况和车厢环境的好坏直接影响乘客对农村客运服务质量的认识和感受,是提升农村客运服务质量的重要抓手和努力方向。目前,我国农村客运车辆普遍存在年久失修、车况不佳等问题,车内的环境卫生需要提升的空间也比较大,在这个方面,城乡客运的差距较为明显,需要着力解决。

一是省、市、县财政要继续加大对农村客运车辆购置、置换、维修方面的支持力度,缓解客运企业采购压力和运营成本,从根本上支持和保障农村客运车辆,但要引导企业按需购车,杜绝采购无实际意义的豪华车辆;二是强化对车辆使用的监督考核,将车容、车况、车厢环境卫生等指标的考核结果与运营奖补资金的拨付挂钩,督促客运企业重视车辆规范使用、维护修理,坚决打击使用超期服役车辆的行为,形成常态化监督管理机制;三是优化车辆购置,行业管理部门要明确车辆购置资金使用效能最大化的导向,指导客运企业根据当地客运经营需求、运营模式等因素综合确定车辆购置、报废的短、中、长期计划,合理搭配车辆车型,必要时采取一车多用的策略,在车辆法定使用期限内尽可能地承担客运任务,杜绝车辆闲置;四是基于当前农村私家小客车保有量较大的事实,探索试行建制村私家小型客车预约响应服务运营合法化,补贴相关私家车的行驶成本,保障偏远地区农村居民日常出行;五是经研究后调整和适当扩大农村客运车辆准入车型目录,结合实际需求将5~7座等微小型车辆纳入目录。

7.1.4 制定合理规范的票制票价

票制票价是乘客比较关心的敏感事项,是旅客对服务质量评价和印象的重要依据,票制票价和提供的服务要做到互相匹配,才能真正使旅客产生强烈的获得感。与城市公交基本公共服务的明确定位有一定的区别,目前农村客运的票制票价仍处在改革和探索当中,如何制定合理规范的农村客运票制票价无法一概而论,但有几个基本的原则需要遵守和执行。

一是农村客运票制票价的制定一定要以当地各级政府财政实力为基础,以农村客运企业运营成本和收益期望为参考,以当地百姓收入和消费水平为准绳,综合多种因素确定票制票价;二是农村客运票制票价要公开透明、规范有序,保证执行到位,尤其是在制定预约响应式农村客运等新兴灵活的运营模式的票制票价时,应当考虑到实际情况、遵循客观规律;三是农村客运的票制票价出台前要进行必要的听证,出台后要加强宣传和执行监管,考虑到农村地区的特殊性,如无特殊和必要,避免频繁地进行调整和变更,尤其是基础票价、特殊人群优惠政策等敏感事项。

7.1.5 严格规范管理从业人员

从业人员是农村客运服务的操作者,包括驾驶员、乘务人员、站内售票人员、车辆检修人员、运营调度和其他企业管理人员,他们各有分工各司其职,对从业人员进行严格规范的管理是一项重要的必做基础性工作,同时对于提升农村客运服务质量、保障农村客运安全运行具有重要的意义。

一是要明确各类从业人员的工作边界和责任权力,制定和不断完善人员管理的各项规章制度,让从业人员管理工作有章可循有据可查;二是严守从业人员准入门槛,与公安等部门进行人员信息共享,保证农村客运从业人员队伍的纯净,同时重点吸纳和鼓励村主任等当地居民从事农村客运服务;三是赏罚分明,加强对各类从业人员服务工作行为的日常化监督考核,对确实做出突出贡献的人员给予及时褒奖,对违反工作规定的人员进行坚决处罚;四是加强农村客运人员思想教育工作,向职工说明农村客运这项工作的重大意义和光荣所在,培养从业人员的职业自豪感和归属感。

7.1.6　强化信息化软硬件支撑

信息化智能化系统是提高农村客运服务和管理水平,实现高质量发展的重要手段和必由之路,未来要吸收和参照城市公交智能化应用系统建设的经验,全面提升我国农村客运信息化智能化系统建设,让新科技服务新管理,让新技术促进新发展。在完成农村客运车辆车载硬件系统,如卫星定位、视频监控、客流采集等建设后,着重通过政企合作的方式逐步建立以下几大应用系统。

1)建设农村客运企业资源管理(ERP)平台

ERP系统的升级将以农村客运智能调度与安全监控系统为重点,以搭建公司、车队、线路的信息集中化、调度智能化、管理分级化、责任明确化的运营调度管理系统平台为目标。实现营运客流和运营时间的统计分析,线路行车作业计划的自动编制,线路车辆和人员排班、实时调度的准确高效。结合实地调研了解到的功能需求,将运营涉及的各对象、流程、业务经过优化后,通过信息化管理,做到对整个营运过程的实时、细致、有效的监督、控制和调节,使得业务管理人员能够对运营过程实时细致的管理,对整个营运做出及时有效的决策,并对运营调度、运力控制、行业服务质量、交通拥堵等方面起到全面改进的作用,实现农村客运车辆自动调度和指挥,保证车辆的安全、快捷、准点运行,提高信息化水平和服务质量、优化管理。

2)建立现代化的农村客运出行服务系统

逐步建立现代化的农村客运出行服务系统,通过传统互联网PC端、移动互联网智能设备端等渠道提供多种服务,为群众提供站点、路线、车次、换乘接驳等动静态出行信息的实时查询与出行路径的合理规划。

3)建立集约化的农村客运运营监控与管理平台

建立政企两级的农村客运综合管理平台,实现对农村客运线路、站场、车辆的实时监控和安全应急指挥功能。平台的管理功能可以对企业运营、设备人力、燃油能耗、服务质量等进行综合管理,并通过对农村客运各项业务进行数据统计分析与评价,进而发现隐藏在海量动静态数据中的规律,为行业管理部门提供辅助决策支持的手段。

农村客运企业作为基础二级调度部门,负责日常的车辆调度;交通运输管理部门的行业运营监控中心接入农村客运企业的调度信息并具有更高的调度权限,负责综合交通调度决策和应急安全管理决策,同时负责和城市公交等其他部门共享调度信息,加强部门间的协同配合。

系统构建方面,企业运营、设备人力、燃油能耗等来源于企业的数据不再采用人工填表、企业上报等时效性较差的传统方式,在屏蔽涉及企业核心商业机密的数据的基础上,系统直接接入企业调度管理系统,管理部门可以直接对相关数据进行查询获取。

7.2 完善农村客运安全保障机制

7.2.1 完善农村客运安全管理机制

1)完善农村客运班线联合审批机制

强化多部门协同,完善交通运输、公安、应急管理等多部门参与的农村客运班线联合审批机制。在全国各区县推广农村客运班线安全通行条件联合审核协调机制,成立由县政府分管领导担负组长,交通运输主管部门领导为副组长,交通运输、公安、应急管理、发改、规划等部门,以及各乡镇政府共同参加的联合审核机制工作小组。明确各部门审核协调机制的职责和工作机制。在开通农村客运班线前,应当进行农村客运安全通行条件审核,确保农村客运班线途经公路的技术条件、安全设施、车辆技术要求、运行限速等相匹配。

2)制订农村客运道路技术条件标准

制订出台农村客运运行道路技术条件标准,明确不同类型、不同车长、不同运行模式等技术参数的车辆的道路运行技术条件,如转弯半径、路宽、视距、坡度、公路安全设施状况、桥梁、隧道等的技术标准。以制定的道路技术条件标准为抓手,保障农村客运运行的安全性,为旅客出行提供安全、舒适的出行环境,减少出行事故率,提升旅客出行体验。

7.2.2 提升基础设施安全水平

1）完善农村公路规划设计机制

建立在农村公路规划设计阶段由农村客运管理部门和企业参与规划设计的工作机制，农村客运管理部门和企业提前参与农村公路规划设计，从不同运营模式的运营需求、车辆与农村公路的匹配性等视角，对农村公路规划的线型、技术参数、安防设施等提出需求，从而确保规划建设的农村公路满足农村客运的安全运营需求。

2）提升农村公路质量

建立政府主导、部门联动的农村公路质量保障机制，切实抓好质量安全保障工作，提升建设质量和服务品质。严格执行农村公路建设质量、安全监督管理相关法规规定，实行建设、勘察、设计、施工、监理、检测六方质量责任终身制。建立健全信用评价制度，构建以质量为核心的信用评价机制。从而提高农村公路运行质量，确保农村客运运营安全。

3）提升农村公路安全防护设施

制定农村公路安全生命防护工程技术指南，结合农村公路实际情况，从科学出发对农村公路进行设计、建设与管理，从细节着手，提高农村公路安全可靠性，例如通过改善路口道路视距、合理设置路边防护设施、起警示或引导作用的交通标志等有效措施，着力提升农村公路安全防护水平。

4）开展农村客运安全运行隐患整治

加快完善农村公路防护设施，加强急弯陡坡、临水临崖等高风险路段整治，严格执行安全设施"三同时"制度。加强桥梁管理和重点桥梁定期检测，落实桥梁养管"十项制度"，加大危桥改造力度，实现危桥总数逐年下降。提升农村客运动态监控能力。推广农村客运安全隐患排查治理制度，推广农村客运驾驶员兼任农村公路安全员职责，有效提升对农村客运安全运行隐患及时排查能力，保障农村客运安全运行。

7.2.3 加强企业安全管理制度建设

1）落实农村客运企业安全生产主体责任

严格落实农村客运企业安全生产主体责任。农村客运经营者要认真贯彻落实安全生产的有关法律法规，严格落实岗位职责和安全生产制度。加强农村客运车辆维护修理,确保车辆技术状况完好。加强对驾乘人员安全教育,树立安全经营意识,自觉遵守安全营运的有关规定。

2) 落实企业安全生产规范

督促农村客运企业严格落实《道路旅客运输企业安全管理规范》,严格遵守安全生产、道路交通安全和运输管理等有关法律、法规、规章和标准,建立健全安全生产责任制和安全生产管理制度,完善安全生产条件,严格执行安全生产操作规程,加强客运车辆技术管理和客运驾驶员等从业人员管理,保障道路旅客运输安全。组织农村客运企业对《道路旅客运输企业安全管理规范》定期开展培训和宣贯,提升农村客运企业和从业人员的安全风险意识。

3) 探索建立以安全为主导的市场准入与退出机制

加强源头管理,严格审查新申请的农村客运经营业户和企业的安全生产管理制度及安全生产条件。全面推行企业安全健康自检制度、第三方安全体检制度和农村客运线路安全风险评估制度,加大对道路运输主要经营场所的动态监控力度。

4) 建立健全农村客运保险制度

建立健全农村客运保险制度,增强对交通安全事故的处置、赔付和抗风险能力。要强化农村客运车辆风险保障能力管理,纳入国家规定实行强制保险的险种,所有车辆必须按要求投保,不得漏保、虚保,承运人责任险不得低于40万元/座。

7.2.4　提高从业人员安全水平

1) 提高驾驶员安全运营水平

农村客运驾驶员普遍存在驾驶不规范、交通知识缺乏等问题。针对这一现状,农村客运企业应尽可能选择当地驾驶员,在提供驾驶服务前尽可能熟悉当地路况和环境。应当主动开展驾驶人员的登记和培训,对于条件有限的地区和企业,可以由政府帮助组织开展培训活动;同时加强对专业理论知识、驾驶技术和交通安全法规的学习,并且尤其要注重对交通标志的辨识和判断。

2) 提升企业安全管理水平

由企业法人对监管部门负责,成立交通安全工作小组,定期召开交通安全工作会议,检查安全工作落实情况;实行岗位责任制,逐级落实,把交通安全工作与业务工作和经营效益结合起来,建立奖惩机制,对遵守交通安全规则、安全驾驶或妥善处理突发事故的员工和驾驶员予以奖励和表彰；对违反交通安全规定的则进行批评和经济处罚。

7.2.5 提升农村客运安全信息化监管水平

1）建设农村客运安全监管平台

依托重点营运车辆监管信息平台，建立农村客运安全监管平台，对农村客运安全运行情况进行实时、动态监管，要建立完善农村客运监控平台，鼓励运用第三方安全监控平台，提升农村客运动态监管能力。加快北斗卫星定位、驾驶辅助系统（ADAS）和驾驶行为分析系统在农村客运车辆中的应用，提高农村客运安全保障能力。

2）加强农村客运安全信息共享

推动行业数据融合，加强道路运政系统、动态监控联网联控系统和企业管理、车辆调度等系统间的有效对接，实现不同系统数据的集成应用。加强行业数据与公安、应急管理等数据的共享，共享驾驶员违法违章、犯罪记录等数据，为农村客运安全水平评价提供客观依据。

3）加强新技术的应用

加强人脸识别，疲劳驾驶识别、自动紧急制动系统等主动事故预防装置，车辆防碰撞主动安全功能等新技术在农村客运车辆营运和管理中的应用。通过主动事故预防装置和防碰撞主动安全功能的应用，使得驾驶员在任何状态下都能有效控制车辆从而避免发生事故，提高农村客运主动预防安全事故的能力。

7.2.6 加强农村客运安全宣传

农村公路驾驶员及路遇行人的文化程度普遍不高，交通法律意识、交通安全意识淡薄。因此，农村客运交通安全宣传要主动深入村屯，主动与农村群众展开交流。可以根据农村群众生活工作特点安排具体的宣传工作，例如在农闲时节或者集市时间开展宣传。在具体的宣传工作中，工作人员应当因地制宜、因人制宜，采取多样化的生动宣传形式，主动开展宣传方式的创新，而非局限于传统的传单、标语、宣传栏等方式。对于不同的人群，交通安全宣传工作应当结合宣传对象的状态和特征，有针对性地采取不同的宣传策略。例如，秋收时节，可以开展关于公路晒粮、堆物占道危害的宣传；对于手头宽裕、有意愿购买货车等"大件"扩大生产的农户,可以进行关于车辆、驾驶人管理方面的法规宣传。

7.3 提升农村客运管理水平机制

7.3.1 优化市场环境

1)完善农村客运准入退出机制

完善我国农村客运市场的准入退出机制是提高农村客运服务质量的重要抓手。通过完善质量信誉考核制度,对农村客运企业经营服务施行量化考评,包含的考核指标涵盖企业管理、驾驶员技术、车况、安全生产、营运服务、社会责任、加分项目、减分项目等方面,对农村客运企业的服务质量进行全方位考核。将企业服务质量考核与企业准入退出、日常监管、奖优罚劣等管理措施有效结合,着重将考核结果作为配置资源和客运线路招投标的主要依据。同时,要加强对经营企业服务质量的动态监管,实行浮动定级制度。

2)完善农村客运价格机制

按照《交通运输部 国家发展改革委关于深化道路运输价格改革的意见》有关要求,深化道路客运价格市场化改革,分类推动农村客运价格改革,完善农村客运价格形成机制。对于采用班车模式运营的农村客运,在原则上实行政府指导价(最高上限价格)的基础上,在充分竞争的线路或区域,建议也可以实行市场调节价。完善城乡公交、公交化改造的农村客运班线的价格形成机制,根据客流、发送班次、路线长度、车辆车型等因素,可以制定稍高于城市公交、但低于农村客运班车的价格。完善预约响应型农村客运服务价格,鼓励各地制订适合当地的预约响应型农村客运服务价格,实行政府指导价,要明显低于当地出租汽车的价格。

为了适应农村客运市场的快速发展和变化,使价格更为合理,需要进一步加快建立和完善农村客运价格监测及信息公开制度。加强对农村客运价格的监测和信息的收集,重点明确农村客运价格监测报告单位、价格监测内容和范围、价格监测报告周期和报送方式等内容,科学地收集、整理和通报运价信息,进一步改善信息传递手段,提高信息的质量、及时性和准确性。同时,完善农村客运价格决策听证制度,注重企业和社会对农村客运价格的意见,提高政府价格决策的科学性和透明度,促进政府价格决策的民主化和规范化。

3)培育龙头骨干企业

以县为单位,培育农村客运龙头骨干企业,出台引导政策,鼓励企业采取兼并、重组、收购、合并、联合等方式整合资源、做强做大,鼓励"一县一公司"的农村客运经营模式,建立现代化的企业制度。鼓励农村客运企业兼营农村物流、客运场站、城市公交、出租汽车、旅游包车客运等其他相关业务,遵循"以热补冷、以盈补亏"的运营思路,提高企业运营效益,实现农村客运可持续发展。

4)进一步保障企业自主经营权

鼓励企业在一定区域内实行区域经营,给予一定区域内自主调配运力的权利。选择一批集约化程度高、网络覆盖面大、组织方式优的道路客运企业,给予其一定区域内自主调配运力的权利,使农村客运企业可根据客流出行差异,适时的调整优化客车类型及运营班次,提高客车实载率。同时,组织相关企业及时总结区域运营模式的经验,并在全国范围内开展试点、逐步推广。

7.3.2 推广农村交通运输综合信息服务平台

为了进一步发展农村智慧交通,推广农村运输信息平台,还需政府、企业、社会多方合力从以下五方面开展工作。一是出台扶持政策。发展农村智慧交通,建设农村运输信息平台,前期投入大、运营成本高、收入低,尤其是运营初期,经营更加困难。建议出台鼓励扶持政策,从资金、人才、财税等方面,支持运营企业发展,"扶上马、送一程",从而促进可持续发展。二是选择好运营主体。要选择有一定规模,具有资金和技术实力,有一定运营经验,愿意长期在本地运营的企业从事农村客运经营业务,保障农村客运市场主体的稳定性。三是整合资源。农村交通运输资源分散、需求小,农村客运、农村物流、农村公路、邮政等每一项单独业务都难以支撑平台发展。因此,要重视资源整合,把农村客运、农村物流、农村公路等不同行业,企业、场站、车辆、线路等不同要素以及不同行业管理部门的资源进行充分整合,这样才能实现高效、可持续运营。四是线上线下融合。线上离不开线下资源支撑,农村智慧交通和农村运输信息平台不是单纯的建设一个信息平台,而是依托线下资源实现线上的可视化展示和宣传推广。因此,要注重线下资源建设,搭建县、乡、村三级运营保障体系。五是灵活运营。要积极探索创新运营模式,开展预约响应型农村客运服务、区域经营、车辆小型化、小件快运等灵活运营模式，根据群众需求提供定制化服务。这样，既可以有效满足农民群众的出行需求，又可以降低运营成本，实现精准服务、高效运营。

7.3.3 加强信用管理

1）加强农村客运服务水平的监督考核

结合地方经济社会发展水平，建立完善城乡交通运输服务的标准体系、评价指标体系，鼓励引入第三方评估和公众听证制度，加强对特许经营企业服务质量的考核。对考核不达标的指标和人民群众反映较多的问题，督促企业有针对性地进行相关方面的改进和整改。同时，加强成本监督审查和事中事后监管，确保城乡居民尤其是农民群众在出行服务方面有更多的获得感，确保城乡商贸流通的高效顺畅。

2）完善农村客运企业信用体系建设

建立企业信用系统，加强企业诚信管理。建立统一的信息公开平台，研究制定城乡运输生产服务违法违规行为信息公开工作管理制度，并通过平台将违法违规行为信息公开。建立守信激励和失信惩戒机制，制定城乡运输生产服务"黑名单"制度。将企业诚信纳入市场准入、资金补贴、政策扶持等方面的考核筛选标准。

7.3.4 加强部门协同监管

1）建立跨部门的协调机制

进一步理顺交通运输、公安、工信等部门在农村客运行业的管理职责，加强与相关部门的沟通和协作，统一各部门的政策和执法尺度，加强不同部门间的驾驶人管理系统、机动车管理系统、公安交警执法系统、运政执法系统等执法系统和行业管理系统的有效衔接，实现资源信息共享、部门协同管理。

2）建立完善工作协调机制

引导企业、社会组织和广大群众等各方力量共同参与，形成"政府主导、部门协调、社会参与、共建共享"的农村客运高质量发展新格局。经过大部制改革，以及"一城一交"管理体制的改革，在管理层面已经基本形成城市公共交通与道路运输的统一管理体制。建议在现有基础上，进一步创新完善各项工作机制，发挥县级人民政府在农村客运发展中的主体责任，明确将农村客运发展作为基本公共服务体系中的重要民生工程,实行政府主导,建立交通、农业、供销、邮政等多部门共同参与的、常态化的农村客运发展协调机制。

7.3.5 提升农村客运治理能力和治理水平

1)加强农村客运发展情况动态监测和统计分析

依托乡镇和建制村通客车信息管理平台,继续加强对农村客运发展情况的动态监管。丰富和完善农村客运线路开通情况,乡镇和建制村通达情况,农村客运服务水平,农村客运公交化改造等指标的统计,对全国农村客运发展情况施行动态监测,并定期发布农村客运发展报告。

2)定期开展农村客运质量第三方评估

借鉴交通运输部乡镇和建制村通客车第三方评估的经验,定期开展农村客运质量第三方评估,采取样本调查与全面普查相结合的方式,对全国农村客运发展水平进行定期评估。

8 "村村通"客车服务质量评价软件系统功能设计及使用指南

"村村通"客车服务涉及道路运输安全、道路运输经营行为、道路运输服务质量及社会责任四大类领域,共16项评价指标,涉及的指标较多且计算过程较为复杂,对交通运输管理部门来说迫切需要提高评价过程的效率,减少人工计算评价得分的时间。因此,开发"村村通"客车服务质量评价软件系统能够有效地为行业管理部门自动化的计算评价结果,辅助其完成日常的评价管理工作。本章主要介绍"村村通"客车服务质量评价软件系统的功能与系统使用指南。

8.1 系统开发背景

为进一步推动落实关于稳步推进城乡交通运输一体化,提升基本公共服务水平的指导意见要求,指导各地因地制宜推进城乡交通运输一体化发展,交通运输部办公厅印发《关于开展城乡交通运输一体化发展水平自评估工作的通知》,将基础设施一体化、客运服务一体化、货运物流服务一体化及一体化发展环境等指标信息梳理给省市两级交通运输主管部门,要求各地按年度围绕本辖区城乡交通运输一体化总体发展水平、各县级行政区域发展水平等内容组织开展城乡交通运输一体化发展水平自评估工作,同时将自评估情况报交通运输部。

当前在开展自评估过程中均以县为单位进行数据报送,填报单位涉及全国近3000个县,每个填报单位按照自评估工作的有关要求填报相应的评价指标,若通过纸质文件由地方进行逐级报送,每年都要花大量精力进行人工梳理,工作效率不高,形式不灵活,机动性差。在此背景下,亟须对数据处理方式和印发形式等进行创新,同时兼顾长远,提升数据处理效率及展示水平。

8.2 系统设计思路

8.2.1 功能定位

软件系统定位为全国农村客运服务质量自评估指标体系采集平台,以智能化运算为支撑,顺利完成全国农村客运服务质量自评估工作。平台作为全国范围内的信息管理系统,使用对象主要为部级交通运输行业管理部门,各省、市、县级交通运输主管部门,主要实现农村客运服务质量自评估指标数据报送。各级交通运输主管部门通过软件系统不仅可以进行数据的录入、报送、分析等操作,确保评估数据的准确严谨,还能核实下级单位自评数据的真实性、合理性,实时查询了解辖区内各单位填报情况。

8.2.2 功能目标

1)总体目标

通过使用现代的数据处理技术、通信技术等相关计算机技术开发"村村通"客车服务质量评价软件系统,实现对农村客运服务包含的运输安全、运输经营行为、运输服务质量及社会责任四大类业务领域数据的统一管理,从而了解各县级行政区域农村客运服务的发展水平。同时,为行业管理部门摸清现状,发现问题,制定相关政策提供参考依据,同时也为建制村通客车服务的可持续发展实现动态跟踪。

2)具体目标

(1)通过软件系统各功能模块,实现对报送单位、报送用户、评估指标及填报表式的管理,同时可根据后期评估指标及表式表样的变化灵活拓展系统功能。

(2)实现对各县级行政地区农村客运服务涉及的16项指标基础数据收集、存储、汇总及按照用户需求按不同指标、不同时期进行查询等功能。

(3)按照每项评价指标的分值及计分标准,实现对各地区农村客运服务评价结果的自动运算。

8.3 系统使用指南

1）基本介绍

"村村通"客车服务质量评价系统采用 Visual Studio 作为开发工具进行开发,编程语言为 C#,同时结合本书中的理论成果,通过输入确定的 16 项评价指标原始数据,软件自动测算得出各行政区域客车服务质量评价得分,从而为综合评价区域客车服务发展水平提供依据。系统主要功能如图 8-1 所示。

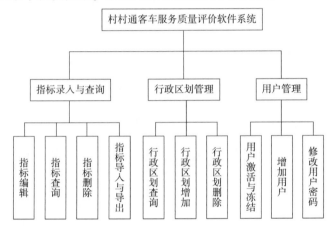

图 8-1 系统主要功能架构图

2）开发环境

（1）数据库及数据库管理工具。数据库:MySQL server 5.7.20;数据库管理工具:Navicat Premium 11.1.8。

（2）操作系统及开发工具。操作系统:WinXP/Win7/Win10;开发工具:Visual Studio。

3）主要功能使用指南

（1）登录。双击【"村村通客车"服务质量考评系统 v1.0】图标,进入系统的登录界面。登录界面如图 8-2 所示,用户输入用户名、密码(用户初始密码为 0000),点击【登录】,即可进入系统。勾选【记住账号】后登录,则同一用户再次登录系统时可免输用户名。

系统主界面如图 8-3 所示,菜单栏包括指标录入与查询、行政区划管理、用户管理等模块。

图 8-2　系统登录界面

图 8-3　系统主界面

(2)指标录入与查询:

①指标查询。首先在指标导航窗口选择评价指标,评价指标包括交通责任事故、车辆技术状况、卫星定位装置使用情况、承运人责任险投保情况、驾驶员情况、驾驶员安全学习情况、经营行为、运营情况、社会投诉举报、群众满意度调查、服务

情况随机检查、驾乘人员文明行为、车辆状况、维护行业稳定、指令性任务完成情况、加分项条件,并选定查询年份和行政区划,然后点击【查询】,系统将根据用户的选择显示具体的指标及相应的值。如图 8-4 所示。

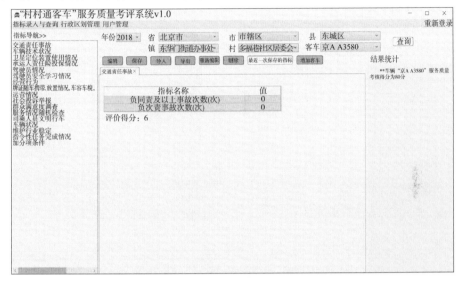

图 8-4 指标查询

②指标编辑。指标编辑前需进行指标查询操作,此时各指标表格呈灰色,为不可编辑状态,点击【编辑】后各表格正常显示,可编辑相应的指标,如图 8-5 所示。

③指标删除。指标删除前需进行指标查询操作,点击【删除】,弹出确认框,点击【确定】则删除查询时所选年份和行政区划的指标数据,如图 8-6 所示。

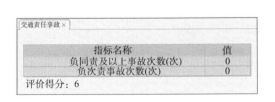

图 8-5 指标可编辑状态

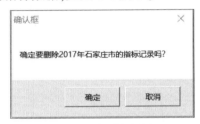

图 8-6 指标删除确认框

④行政区划增加。点击【行政区划管理】,打开行政区划管理窗口,然后点击【增加】,弹出行政区划增加窗口,如图 8-7 所示,编辑行政区划年份、名称和代码,点击【增加】并确认,若弹出增加成功窗口,则增加成功,否则增加失败;点击【取消】或关闭行政区划窗口可取消该操作。

73

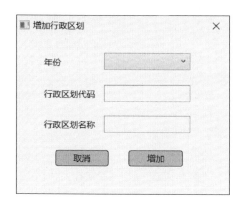

图 8-7　行政区划增加

⑤行政区划删除。点击【行政区划管理】,打开行政区划管理窗口,行政区划删除前需进行行政区划查询操作,然后勾选需删除的行政区划,点击【删除】,弹出确认框,点击【确定】则删除所选行政区划数据,如图 8-8 所示。

图 8-8　行政区划删除

⑥用户增加。点击【用户管理】,打开用户管理窗口,用户增加前需进行用户查询操作,然后勾选需要增加的若干用户,增加的用户名将与勾选的用户名保持一致,点击【增加用户】,若勾选了多个用户,弹出界面如图 8-9 所示,编辑完后点击【确定】即可完成用户的增加。

"村村通"客车服务质量评价软件系统功能设计及使用指南

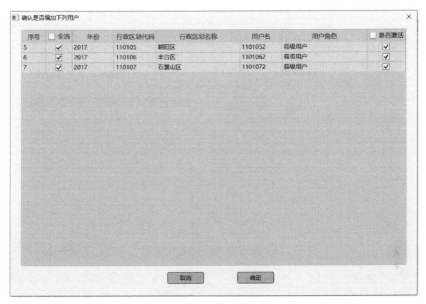

图 8-9 增加用户界面

⑦用户修改密码。点击【用户管理】,打开用户管理窗口,修改用户密码前需进行用户查询操作,然后勾选需要修改密码的某个用户,点击【修改用户密码】,弹出密码修改窗口,编辑完后点击【确定】即可保存修改后的用户密码,如图 8-10 所示。

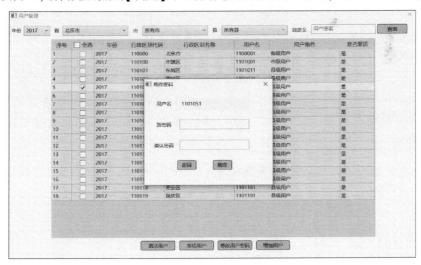

图 8-10 修改用户密码

9 有关建议

农业、农村、农民问题是关系国计民生的根本性问题,为解决好"三农"问题,以习近平同志为核心的党中央着眼党和国家事业全局,深刻把握现代化建设规律和城乡关系变化特征,提出实施乡村振兴战略。农村客运是国家实现强国战略的先行领域,基础保障和重要载体,是实现"脱贫攻坚""乡村振兴"的有力抓手。为实现农村客运高质量发展,也为预约响应型农村客运这一农村客运新兴的运营模式实现自身的可持续发展,本书认为未来行业管理部门及相关学者还应重点从以下几方面开展有关工作。

1) 加强行业相关基础性研究工作

当前正是实施乡村振兴战略的运行期,为全面脱贫与乡村振兴传递好"交接棒",做好接力跑的"冲刺交棒"与"起步接棒",直接关系到"三农"领域的稳定、全面小康的成色和社会主义现代化的进程。农村客运在农民群众脱贫奔小康、为加快农业农村现代化过程中发挥着基础保障作用,近年来,在行业主管部门的支持和推动下,农村客运取得了长足的发展,为农村地区居民的出行提供了较为便利的出行环境,凝聚了基层民心,提升了群众获得感。但一些根本性问题还有待解决,就本项目而言,要规范预约农村客运的服务行为,政府和行业管理部门就应加强对预约农村客运的监管力度,制定明确的扶持政策,让经营主体无后顾之忧的开展经营,为居民出行提供优质服务。在此背景下,就应针对农村客运的长效发展机制开展专题研究,围绕农村客运的公益属性、发展目标、政府在农村客运发展中的职责定位等方面深入分析,为政府制定农村客运的扶持政策提供支撑,引导农村客运可持续发展。

2) 加快"通村村"平台的应用进程

为更好地服务乡镇和建制村通客车工作,助力数字乡村建设,服务乡村振兴战略,交通运输部组织制定了《农村交通运输综合信息服务平台推广实施指南》,旨在通过移动互联网融合线上信息服务和线下运输服务,在城乡交通一体化程度较低、需求群体较为分散的地区进行推广,为偏远地区农村群众提供安全便捷出行服务。但从"通村村"平台具体推广情况看,目前各省还是以推动信息化基本建设项目的思路来推广平台,甚至有些省份认为是交通运输部要求各地方必须推广的工作,并没有真正认识到推广"通村村"平台能够为当地农村百姓出行所带来的变化。因此,应结合"十四五"信息化发展规划的编制,加大"通村村"平台推广应用的力度,鼓励具备条件的地区大力开展"通村村"试点,提高预约响应式农村客运服务平台化比例,提升服务质量。

3)将预约响应式客运服务纳入城乡一体化规划体系中

为解决我国普遍存在的城乡二元结构问题,各地政府及交通行业主管部门制定和印发了《关于稳步推进城乡交通运输一体化 提升基本公共服务水平的指导意见》《交通运输部关于开展城乡交通运输一体化示范县创建工程的通知》等,指导各地因地制宜推进城乡交通运输一体化发展。然而,由于交通运输业属于自然垄断型行业,农村客运又属于准公共物品,既要突出其社会性,完成其应尽的社会责任,同时也要寻求经济性,保障可持续性地提供服务,经营者面临着较大的经济压力。同时,由于农村地区客源不稳定,居民出行时间不均衡并呈现季节性变化,更难以保障经营者的盈利空间。因此,需要将预约响应式农村客运纳入城乡一体化发展规划中,将其视为农村客运班线与公交的有效补充,与农村客运班线、城乡公交同步规划、同步实施并明确政策、资金等保障措施,在解决农村客运普遍存在的"最后1km"问题的同时,进一步保障预约响应式农村客运可持续运营。

附件 部分地区农村客运服务规范编制案例

附件1 河北省预约响应式农村客运服务参考规范

为继续巩固乡镇和建制村100%通客车工作任务成果，河北省因地制宜优化农村客运运营模式，采取公交、班线、区域经营、预约响应等多种形式，有力有效推进乡镇和建制村通客车工作，全力保障农村群众出行。同时，对于出行需求严重不足、开通预约响应式的地区，制定了预约响应式农村客运服务参考规范，以督促农村客运规范服务。

一、预约方式

网上或电话预约。

二、服务资质

(1) 经营者：须取得当地交通运输主管部门核发的道路旅客运输经营许可证，建立安全管理制度、运营管理制度、车辆管理制度、驾驶员管理制度。

(2) 驾驶员：须取得驾驶证和运营车辆相对应的从业资格证。

(3) 运营车辆：原则上采用7座以上符合部颁标准要求的车型，当地地形地貌、通车路况和客流需求等通车条件确有困难的，可采用5座以上符合部颁标准要求的车型。

三、服务标准

(1)服务价格:实行市场调节价但不高于我省农村客运班线政府指导价的2倍。

(2)服务方式:在乘客约定的且按照规定允许停车的地点上下客。

(3)响应时间:从乘客提出需求到服务的响应时间,原则上不超过20min,特殊情况不超过40min。

(4)服务标志:应当在车身显著位置喷绘预约响应式农村客运服务标志、预约电话、当地交通运输服务监督电话。

四、服务管理

(1)经营者须保证预约客运服务连续性,每天接受预约的网上或电话服务时间在8h以上。

(2)经营者开展拼车服务的,拼车人的预约服务时间和线路应相同或相近,拼车服务绕行距离不得超过第一位预约服务上车旅客全程的50%以上,等候时间不得超过15min。

附件2 黑龙江省农村客运服务指南(试行)

为坚决落实交通运输部乡镇和建制村通客车脱贫攻坚兜底任务,进一步巩固黑龙江省乡镇和建制村100%通客车成果,提高农村客运服务水平,规范经营行为,维护经营者和乘客的合法权益,在遵循《中华人民共和国道路运输条例》《黑龙江省道路运输条例》《交通运输部关于全力推进乡镇和建制村通客车工作 确保完成交通运输脱贫攻坚兜底任务的通知》的基础上,制定了《黑龙江预约响应农村客运服务指南》。

一、一般服务要求

(1)应定期组织从业人员进行有关法律法规、岗位职责、操作规程、服务规范、安全防范和应急处置等基本知识与技能的培训和考核。

(2)应为乘客提供良好的乘车环境,保证车辆设备、设施齐全有效,保持车辆整洁卫生。

(3) 应实行市场调节价并提供合法有效的车票凭证。

(4) 应按照规定投保承运人责任险。

(5) 可建设智能信息服务系统,采用移动终端、网站、电子站牌、服务热线等方式提供静态或动态出行信息查询服务。

(6) 应按照机动车行驶证核定人数载客运行,不超速、超载和疲劳驾驶等。

(7) 应制定突发事件应急预案,定期开展应急演练。

(8) 应于突发事件发生时,及时启动相关的应急预案,服从政府相关部门的统一调度和指挥。

二、预约响应式农村客运服务要求

(1) 除提供预约响应式农村客运服务外,应根据市场需求,为服务区域范围内的行政村每周提供不低于1趟次的基本客运服务,相关开行线路和运行计划应在服务场所和车辆公布。

(2) 应采用手机 APP、公众号、网站等预约方式和预付费模式,条件不允许的,可采取电话方式预约。每天接受预约时间应不少于12h,提供运营服务时间应不少于8h。

(3) 应在客运站、候车亭、行政村综合服务站、综合文化服务中心等场所和运营车辆车厢内显著位置公布预约方式等信息。

(4) 应在收到乘客预约出行需求信息后及时确认,并将提供预约响应式农村客运服务的车辆等相关信息及时反馈预约乘客。

(5) 应按照乘客预约时间和人数等,合理调度车辆,并在乘客约定的地点上下客。

(6) 应制定预约响应式农村客运服务乘客守则,明确预约取消,未按照预约地点和时间乘车、未全额支付预约费用等情形下的乘客违约责任,并通过乘客预约方式或短信等渠道及时告知预约乘客。

(7) 可根据时间和线路相同或相近的预约需求,开展拼车服务,拼车服务乘客人数和驾驶员总数不得超过车辆核载人数。

(8) 鼓励建立预约响应式农村客运服务信息平台,并接入经营区域县级以上交通运输主管部门行业监管系统。

(9) 应保障提供预约响应式农村客运服务的线上和线下车辆、驾驶员一致。

(10)不得擅自泄露、传播预约乘客信息。

(11)预约响应式农村客运服务价格应不高于当地农村客运班线价格2倍,即单趟次收费总价<农村客运单座价格×2×(预约车辆核定载客人数－1),且应显著低于当地出租车价格。

三、运营车辆

1)一般要求

(1)应保持车辆技术性能完好,符合尾气排放标准和环保要求。

(2)鼓励使用符合要求的清洁能源、新能源客运车辆。

2)设施设备

(1)应按照国家相关标准配置灭火器、安全锤、车门紧急开启装置等设施设备,并定期检查、维护和更新,保持技术性能良好。

(2)鼓励设置自动投币装置、移动支付系统和刷卡终端设备等。

(3)在不影响运行安全、乘车环境等条件下,可设置大件行李、农产品放置区域。

3)车容车貌

(1)车身外表整洁,定期进行清洗,每周应不少于1次。

(2)车辆号牌位置正确,安装牢靠,字迹清晰。

(3)门窗玻璃无缺损,开关轻便,密封良好。

(4)车辆外侧及车厢内广告不得影响车辆运行安全,不得遮挡车辆服务和安全标志标识。

4)运营服务人员

(1)应具有相应的职业资格和良好的职业道德。

(2)应参加安全教育及业务学习,具备事故预防、路面应急处置和乘客基本急救等能力。

(3)应熟悉运营线路道路状况和工作岗位的相关操作规程。

(4)应随车携带有效的从业资格证等相关证件。

(5)应统一着装,衣着整洁,文明服务,规范用语。

(6)发车前应做好行车安全检查,做到准点发车,收车后及时清扫,保持车辆清洁卫生。

(7)应提高安全防范意识,不擅离工作岗位,不从事与本职工作无关的事情,运行途中不发生接听手机、吸烟、饮食、闲谈等妨碍安全行车的行为。

（8）发现乘客携带易燃、易爆、危险、有毒及其他违禁物品时，应及时制止，制止无效的，可拒绝其乘车。

（9）因故不能继续行驶时，应引导乘客换乘本线路其他车辆或应急接驳车辆。

（10）突发事件发生时，应按照相关应急预案和操作规程操作，保障乘客安全。

5）服务监督

（1）应建立和健全企业服务质量监督和管理制度。

（2）应建立农村客运投诉受理和处理制度，公开投诉电话、通信地址、电子邮箱等，接收社会监督。

（3）应定期梳理分析服务投诉问题，及时改进服务质量，投诉处理结果应在7个工作日内反馈给投诉者。

（4）应定期、不定期开展乘客服务满意度调查，广泛收集乘客意见和服务评价，并采取相应措施，提高服务质量。

附件3　安徽省预约响应式农村客运服务规范（试行）

为提升预约响应式农村客运服务质量，根据交通运输部《关于全力推进乡镇和建制村通客车工作 确保完成交通运输脱贫攻坚兜底任务的通知》（交运函〔2020〕206号）文件要求，安徽省交通运输厅制定了《安徽省预约响应式农村客运服务规范（实行）》，具体内容如下。

一、服务前提

（1）服务范围：预约响应式农村客运服务适用于出行需求严重不足或现有道路条件无法通行大中型营运客车的地区，开通前需通过农村客运班线通行条件审核。具体条件和建制村名单由各地交通运输部门认定并公示。

（2）服务准备：开通预约响应式农村客运服务前，应明确服务条件、预约方式、派车时间、运行线路、服务标准和参考价格。相关事项应在村委会或农村人员密集场所、候车点公示。对虚假要约或无正当理由随意取消订单的乘客，村委会要主动在公众活动、服务场所公示。

(3) 参考条件:原则上一趟次出行需求不少于 3 人,运行线路应以最近的乡镇为终点。对超出派车时间以及道路改造、雨雪等恶劣天气或其他不可抗力的订单,经营者可拒绝响应,并做好解释说明。

二、经营管理

(1) 经营资质:取得道路运输三类及以上客运班线资质或道路包车客运经营业务的客运企业,具备线上(含电召)服务能力,实行公车公营;车辆需取得《道路运输证》;驾驶员需取得经营性道路旅客运输驾驶员从业资格证。

(2) 管理制度:经营者应当建立农村客运安全管理、经营管理、运营管理、车辆管理、驾驶员管理制度。

三、车辆要求

(1) 车型要求:原则上采用 7 座以上车型,确有困难的地区可采用 5 座车。车辆至少需符合《营运客车类型划分及等级评定》(JT/T 325—2018)2020 年第 1 号修改单的普通级乘用车。

(2) 标志标识:应在车身显著位置喷绘预约响应式农村客运服务标志、喷绘预约方式和 12328 交通运输服务监督电话。

(3) 装备要求:应安装符合有关标准的车载卫星定位装置。

四、经营服务

(1) 服务价格:不高于当地同等里程农村客运班线价格 2 倍,即单趟次收费总价 < 农村客运单座价格 × 2 × (预约车辆核定载客人数 − 1),且应显著低于当地出租车价格,经工商当地物价部门同意后,在村委会或农村人员密集场所、候车点(含乡镇综合运输服务站、村级综合运输服务点)公示。

(2) 服务方式:在村委会或农村人员密集场所、候车点(含乡镇/村综合运输服务站/点)公布预约服务方式。应当在乘客约定的允许停车的地点上下客。

(3) 响应时间:能按与乘客约定的时间响应。

(4) 服务连续性:经营者应当保证预约服务的连续性,白天接受预约时间应当在 8h 以上。

(5) 拼车:时间和线路相同或相近的预约需求,可以开展拼车服务;拼车服务乘客人数和驾驶员总数不得超过车辆核载人数;拼车服务绕行距离原则上不得超过第一位预约服务上车旅客全程的50%以上,等候时间不得超过15min。

五、政策保障

(1)扶持政策:无法通过市场化运作实现可持续经营的,应当建立运营补贴机制,维持预约响应式农村客运服务可持续运营。

(2)运营补贴:应将开展预约响应式服务的农村客运车辆纳入城乡道路客运成品油价格补助范围。

附件4 湖北省预约农村客运运营服务规范

为规范预约农村客运经营行为,提高预约农村客运服务水平,维护预约农村客运经营者和乘客的合法权益,在深入调研、广泛征求意见的基础上,湖北省交通运输厅道路运输管理局制定了《湖北省预约农村客运运营服务规范》。

一、总则

(1)为规范预约农村客运经营行为,提高预约农村客运服务水平,维护预约农村客运经营者和乘客的合法权益,结合我省实际制定本规范。

(2)本规范适用于本省行政区域内预约农村客运经营者、预约农村客运从业人员。

二、经营者

(1)应设立安全、运营调度等管理机构,建立健全安全生产管理制度,包括安全生产责任制、安全生产监督检查、驾驶人员和车辆管理、动态监控管理等制度。

(2)应加强对从业人员的安全、职业道德、业务知识教育和培训,对驾驶员安全学习教育每月不少于一次。

(3)应建立完善运营线路、车辆、驾驶员等台账、档案,同时应加强车辆技术管理,定期维护车辆,保证车辆技术状况和安全性能符合要求。

(4)应为旅客提供连续服务,制定服务规范和考核标准,并向社会公开服务承诺,建立举报投诉处理机制。

(5)应当按照有关法律法规要求,投保承运人责任险、工伤保险等安全生产责任保险和机动车交通事故责任强制保险。

(6)应当配备专职道路运输车辆动态监控人员(或委托第三方机构对企业所属客运车辆进行动态监控),在客运车辆运行期间对客运车辆和驾驶人进行实时监控和管理,及时提醒驾驶员纠正超速行驶、疲劳驾驶、超载等违法行为,并建立动态监控台账。

(7)应主动接受并配合交通运输管理的监督检查和考核,按要求提供相关资料。

(8)应当制定突发公共事件的道路运输应急预案,发生突发公共事件时,农村客运经营者应当服从县级以上人民政府、交通运输管理等部门的统一调度、指挥。

三、从业人员

(1)按企业要求参加安全教育学习。

(2)熟悉其营运线路的道路情况。

(3)营运时携带有效的道路运输证、从业资格证等相关证件。

(4)发车前要做好行车安全检查。

(5)遵章守法、安全行车,严禁超速、超载和疲劳驾驶;驾车时严禁接打手机、吸烟、饮食、闲谈等妨碍安全行车的行为。

(6)服务用语提倡使用普通话,语言应简练、通俗易懂,口齿清楚,统一使用"请""您好""谢谢""对不起""再见"等文明用语。

四、客运车辆

(1)经营者应按照相关法规和标准要求,统一选型、统一车身标识、统一购置符合道路旅客运输技术要求的车辆从事运营。

(2)车辆有关证照应合法、齐全、有效。

(3)车辆喷贴预约农村客运统一标识,车身显著位置标注企业名称、服务监督电话等信息。

(4)客运车辆安装符合标准的卫星定位装置,并有效接入符合标准的道路运输车辆动态监控平台。

（5）车辆设施设备应齐全有效，按规定配置灭火器、安全锤、防滑链、三角木等安全应急设备。

（6）车厢内设立老、幼、病、残、孕乘客专座；车厢内壁、顶板压条、车厢地板应完整；车内座椅及安全带、靠背、扶手、护栏、拉手等装置齐全有效、安装牢固，无凸出尖锐部分；门窗玻璃无缺损，开关轻便，密封良好。

（7）及时清扫车辆，保持车容整洁、车内卫生状况良好。

五、服务要求

（1）预约客运经营者应在建制村（服务点）设立公示牌，向社会公示企业名称、预约电话、服务时间、收费标准、投诉电话等信息，方便群众预约乘车。

（2）服务时间段应保证预约服务电话畅通，并有客服人员接听。

（3）预约客运经营者接听预约电话后，应向旅客承诺预约响应时间，保证车辆在承诺的响应时间内到达预约乘车地点。

（4）乘客上车后，驾驶员应检查车门是否关牢，问清乘客的去向及乘车要求。

（5）车辆到达目的地后，应提醒乘客携带好自己的随身物品下车。对乘客遗留在车上的物品要及时清点登记，妥善保管，按规定及时上报处理。

（6）按当地交通运输主管部门要求制定运价并报备，规范使用税务部门统一印制的发票。

（7）因客运车辆故障无法正常行驶，需更换客运车辆或者将乘客移交他人运输的不得额外收取费用。

附件5 湖南省农村客运服务标准（试行）

为深入贯彻落实习近平总书记在决战决胜脱贫攻坚座谈会上的重要讲话精神，确保如期完成具备条件的建制村通客车兜底性任务，结合我省工作实际，研究制定了《湖南省农村客运服务标准（试行）》。

一、农村客运服务形式

（1）农村客运班线：按照核定的线路、站点、时间和票价运营，为公众提供基本连续出行服务。

（2）城乡公交：运营纳入政府财政保障，执行优惠票价，服务水平较高的通村客运服务形式。公交化运营的通乡镇、村客运线路发车间隔满足客流需求，日发车班次在2班以上，停靠站点设置站牌并公布班次信息，线路内统一服务标准、车型配置、外观标志、车内配套设施。

（3）定制客运：预约响应定制客运服务适用于出行频次低、出行需求少、出行距离较远的建制村日常出行，采用电话、手机APP等方式预约客运服务的形式，车型以7座的车型为主。

二、经营管理

（1）经营资质：经营者应当取得当地交通运输主管部门核发的道路旅客运输经营许可证，客运班线（定制客运）经营许可，城乡公交企业应当取得当地政府以会议纪要等方式许可的公交客运资质。网约车经营区域应当与经营许可证经营范围一致。

（2）管理制度：应具备健全的运营安全和服务质量管理制度，并制定长效管理措施，健全管理台账。还应当制定突发事件的应急预案，并按要求定期开展应急预案演练。

（3）经营模式：农村客运企业宜实行规模化、集约化经营。城乡客运一体化示范县应当按照"一县一公司"的要求经营。

三、车辆要求

（1）车型要求：按照交通运输部《农村道路旅客运输班线通行条件审核规则》（交运发〔2014〕258号）确定农村客运车辆的车长及类型。定制客运以7座和9座车型为主。

（2）标志标识：农村客运车辆外部的适当位置喷印企业名称或者标识，在车厢内醒目位置公示驾驶员姓名和从业资格证号、交通运输服务监督电话、票价和里程表。其中，定制客运还应当在车身显著位置喷绘预约响应式农村客运服务标志、喷绘预约方式、经营者服务监督电话和当地交通运输服务监督电话。

四、经营服务

（1）服务价格：按照《湖南省道路旅客运输价格管理办法》（湘交运输〔2020〕

5号），农村道路客运实行政府指导价。全省城乡客运一体化示范县，实行价格惠民，最高运价不超过6元。定制客运价格不高于当地农村客运班线价格2倍，即单趟次收费总额小于农村客运单座价格×2×（预约车辆核定载客人数-1），且应显著低于当地出租车价格。

(2)服务方式：平原地区实行城乡公交，非平原地区实行农村客运班线或定制客运。其中，定制客运应当按照旅客需求灵活确定发车时间和上下车地点；从旅客提出需求到服务的响应时间，原则上不超过20min；经营者应当保证定制服务的连续性，每天接受定制时间应当在8h以上。

五、服务设施

场站和营运车辆日常维护：等级客运站、首末站和招呼站等服务设施应定期打扫、巡检、维护，确保设施清洁、完好、可用；确保营运车辆技术状况良好；营运车辆宜使用新能源和清洁能源车型。

六、服务人员

城乡公交服务：服务人员身体条件应符合岗位工作的要求，应遵纪守法，着装上岗，挂牌服务；驾驶员、维修人员等专业岗位应当具有相应的专业资格。

七、投诉处理及其他服务

投诉处置：应当建立投诉受理和处理制度，向社会公布运营单位监督投诉电话，并设有专人在营运时受理乘客投诉，建立台账；应定期对投诉情况进行分析，梳理问题并及时改进服务质量。

八、政策保障

(1)扶持政策：无法通过市场化运作实现可持续运营的，应当建立补贴机制，维持城乡公交和农村定制客运服务可持续运营。

(2)运营补贴：城乡客运一体化示范县的车辆优先享受各类补贴和各级政府财政支持；开展预约响应式定制服务的农村客运车辆纳入城乡道路客运成品油价格补助范围。

附件6 广西壮族自治区农村客运预约响应式服务参考标准

为切实加快推进广西壮族自治区建制村通客车工作,落实国家和自治区党委、政府的决策部署,高质量完成交通扶贫兜底性目标任务,规范预约响应式农村客运服务行为,广西壮族自治区交通运输厅制定了《广西壮族自治区农村客运预约响应式服务参考标准》(附表1)。

广西壮族自治区农村客运预约响应式服务参考标准　　　　附表1

条件分类	衡量指标	具体标准
管理水平	经营资质	满足"五必须": 1. 运营企业必须具备法规规章规定的条件; 2. 企业资质必须具备与预约响应式服务覆盖区相适应的企业经营范围; 3. 驾驶员必须取得相应从业资格; 4. 车辆必须具备相应的经营资格和技术条件; 5. 根据《广西壮族自治区道路运输管理局关于布置全区建制村通客车工作有关事项的通知》,必须签订规定的预约响应式通客车服务协议文本
	经营管理	满足"五有"基本要求,即"有电话、有标识、有人员、有制度、有台账"(具体见备注)
服务质量	响应要求	对乘客提出的预约服务需求,原则上15min内予以答复,按照双方约定出行时间上门接送。鼓励乘客有出行需求时提前预约
	服务价格	约车服务费由运营企业与出行对象(乘客)协商确定,原则上单车约车服务费不高于当地同里程同座位的农村客运班车票价的2倍,即单车约车服务费≤2×(预约车乘客座位数−1)×同里程农村客运班车票价。单车约车服务费与约车实际运输费用的差价,从《广西壮族自治区交通运输厅　广西壮族自治区发展和改革委员会　广西壮族自治区财政厅关于印发加快"四建一通"工程建设推进"四好农村路"高质量发展实施方案(2019年)及五个专项实施方案的通知》(桂交建管发〔2019〕52号)文件规定的"按每开通一个建制村补助5万元的标准给予补助"中补足

注:1. "有电话"即要有明确的约车电话,方便群众联络;
　　2. "有标识"即在预约响应式服务覆盖范围内,依托便民候车亭、乡镇客运站、村委会所在地等,设置张贴含约车电话的统一标识,方便群众辨识记忆;
　　3. "有人员"即要落实调度人员或驾驶员,确保调车约车及时响应;
　　4. "有制度"即要求车辆调度管理制度、预约响应式服务评价及服务质量投诉处理等相关制度;
　　5. "有台账"即要对调派车辆、时间、服务对象等服务过程如实登记,建立台账。

附件7 甘肃省建制村通客车运营服务规范

按照交通运输部办公厅《关于加快推进建制村通客车有关工作的通知》(交办运〔2018〕109号)和相关要求,建制村通客车包括班线客运、公交客运、区域经营和预约响应4种方式。为规范全省建制村通客车经营服务行为,扎实推进建制村通客车工作,现结合我省实际,制定本规范。

一、班线客运

班线客运是指营运客车在城乡道路上按照固定的线路、时间、站点、班次运行的一种客运方式。建制村通客车班线主要包括农村客运班线以及途经建制村并设有停靠点的非农村客运班线。建制村村委会到班线客车乘车点步行道路距离2km以内的,视为该建制村通班线客车。

班线客运经营、服务和管理,按照交通运输部《道路旅客运输及客运站管理规定》执行。

按照便捷出行原则,班线客运要在途经的建制村至少设置1个临时乘车点,并在当地交通运输主管部门报备,方便乘客上下车;农村班线客车,在确保道路运输安全的前提下,经辖区县级交通运输管理部门评估,可延伸至本乡镇周边建制村接送乘客;成立线路公司的农村客运班线,其停靠站点及日发班次可以由其经营者自行决定,并在当地交通运输主管部门报备。

二、公交客运

城市公交客运,是指在县级政府确定的区域内,运用符合国家有关标准和规定的公共汽电车和城市公共汽电车客运服务设施,按照核准的线路、站点、时间和票价运营,为社会公众提供基本出行服务的活动。建制村通公交客车包括城市公交延伸至乡村和农村班线客运公交化(即微公交)运营2种形式。建制村村委会到公交乘车点步行道路距离2km以内的,视为该建制村通公交客车。

公交运营参照城市公交客运管理有关规定执行,同时还应符合如下规范:

(1)经营管理:实行企业化管理,制度健全,运营车辆合规、驾驶员具备从业资格。

（2）公交线路：线路设置覆盖合理、安全快捷，最大限度满足途经建制村村民出行需要。

（3）站点设置：公交停靠站点识别度高、实用性强；站点选址符合村民乘车习惯、安全便捷。

（4）运营车辆：车型符合要求，同一线路车型外观统一；悬挂公交线路标识；统一排班，循环发车；做到每站必停。

（5）统一运价：参照城市公交定价标准，实行政府指导价，公开透明，不得随意涨价。

三、区域经营农村客运

区域经营式农村客运是指经县级交通运输主管部门评估，由一个经营主体在一定区域内经营，或者区域内所有经营主体之间达成协议统一调度的农村客运运营方式。建制村村委会到区域经营客车乘车点步行道路距离2公里以内的，视为该建制村通区域经营客车。

区域经营式农村客运应符合如下规范：

（1）经营方式：固定经营区域，但不固定运营线路、班次、停靠站点、去回程时间和票价。

（2）经营管理：实行企业化管理，制度健全；运营车辆合规、驾驶员具备从业资格；运营车辆需悬挂区域经营统一标识。

（3）运营区域：在规定的行政区域内运营，不得超范围经营。

（4）合理运价：市场调节价，运价标准参照辖区内班线客运运价，运价要公开透明，不得随意涨价。

四、预约响应式农村客运

预约响应式农村客运是指经营者预先公示经营区域和电话、互联网终端等预约方式，根据旅客预约需求提供客运服务的农村客运运营方式。预约响应式农村客运主要提供将偏远地区出行群众及时就近送达具备班线客运或公交出行条件站点换乘的运输服务，解决地处偏远的农村村民出行需求。

预约响应式农村客运符合如下规范：

（1）经营管理：实行企业化管理，制度健全；运营车辆合规、驾驶员具备从业资格、预约电话畅通。

（2）告知信息：预约响应信息应在村委会公告，并在交通运输主管部门报备。

（3）运营车辆：9座以下（含9座）乘用车。

（4）合理运价：预约响应实行市场调节价基础上的合理议价，应坚持诚信服务，不得欺客宰客。

（5）便民措施：应按照就近原则，优先选择符合条件的车辆和驾驶员提供预约服务。同时，鼓励承运企业运用动态监控平台就近调度合规车辆提供预约响应服务。

（6）特殊约定：夜间或因雨雪雾天气、道路通行条件等不可抗力因素影响出行安全的情况下可不提供预约服务，承运人须向约车人说明不予响应的原因。

参考文献

[1] 张爱梅.探讨铁路公益性运输补偿机制的建立[J].上海铁道科技,2012(1):16-18.

[2] 卓高生.公益精神概念辨析[J].理论与现代化,2010(1):87-91.

[3] 白列湖.公益的内涵及其相关概念辨析[J].哈尔滨师范大学社会科学学报,2012(2):24-28.

[4] 林婕,张亮,等.应用机制设计理论建设我国医院公益性保障机制模型[J].中国卫生经济,2010(11):8-10.

[5] 张梦龙.基于公共物品属性视角的铁路改革结构特性研究[D].北京:北京交通大学,2014.

[6] 蔡莹娟.我国铁路公益性补贴机制相关研究[J].铁道经济研究,2013(4):17-21.

[7] 黄民.铁路公益性理论、识别、时政[M].北京:中国铁道出版社,2005.

[8] 杨卫安,邬志辉.我国学前教育公益性程度实现状况分析[J].走向社会科学,2013(12):202-205.

[9] 杨小梅.我国教育公益性研究综述[J].重庆第二师范学院学报,2013(02):99-102.

[10] 雷海潮.公立医院公益性的概念与加强策略研究[J].中国卫生经济,2012(1):10-12.

[11] 林婕.社会医学与卫生事业管理[D].湖北:华中科技大学,2011.

[12] 苗卫军.公立医院公益性实现策略研究[D].湖北:华中科技大学,2013.

[13] 钱军程,孟群.论医疗卫生事业的公益性与公益度[J].中国卫生政策研究,2014,7(012):70-74.

[14] 四川省交通运输厅.四川省交通运输厅关于印发建制村通客车相关标准的通知(川交函[2019]213号)[Z].2019.

[15] 全国城市客运标准化技术委员会.出租汽车运营服务规范:GB/T 22485—2013[S].北京:中国标准出版社,2013.

[16] 公安部.机动车运行安全技术条件:GB 7258—2017[S].北京:中国标准出版社,2017.

[17] 全国城市客运标准化技术委员会.城市公共汽电车客运服务规范:GB/T 22484—2016[S].北京:中国标准化出版社,2016.

[18] 全国汽车标准化技术委员会.客车用安全标志和信息符号:GB 30678—2014[S].北京:中国标准化出版社,2014.

[19] 全国道路运输标准化技术委员会.道路运输驾驶员技能和素质要求 第1部分:旅客运输驾驶员:JT/T 917.1—2014[S].北京:人民交通出版社股份有限公司,2014.